KB132067

예술심리상담사를 위한

ETC 자기돌봄

예술심리상담사를 위한

ETC 자기돌봄

Lisa D. Hinz 저 | 임성윤 역

Beyond Self-Care for Helping Professionals:
The Expressive Therapies Continuum and the Life Enrichment Model

학지사

역자 서문

힐링과 치유는 이제 일상어가 되었다. 더불어 타인의 마음을 보 듬어 주고 치유해 주는 직업군에 대한 관심과 사회적 수요도 증가 하였다. 그러나 이제 타인의 상처를 치유하는 사람들을 위한 치 유, 그들 자신을 위한 자기돌봄을 말할 때가 왔다. 다시 말해, 스스 로를 잘 돌본 후에야 비로소 다른 사람도 잘 돌볼 수 있고 또 그래 야만 한다. 실제 지켜본 바로도, 심리상담 및 치료 분야를 공부하 고자 하는 많은 학생이 개인의 문제해결이나 자아성찰 등의 바람 으로 학업을 시작하지만, 바쁜 학업과 학사일정, 자격증 취득 등에 쫓기다시피 졸업을 하며 체계적인 자기돌봄의 기회를 갖지 못하는 경우가 허다하다.

임상심리학자이자 미술치료사로서 ETC(Expressive Therapies Continuum; 표현치료연속체) 예술치료 이론의 저명한 전문가인 하 인즈(Hinz) 박사의 이 책은 그러므로 값지고 소중하다. 이 책의 '풍 요로운 삶의 모델(Life Enrichment Model: LEM)'은 다른 사람을 돕는 이들이 어떻게 스스로를 돌보며 그 이상의 풍요로운 삶을 살아갈 수 있는지에 대한 개념과 방법을 친절히 안내한다.

책의 원제는 『Beyond Self-Care for Helping Professionals: The Expressive Therapies Continuum and the Life Enrichment Model』

이나, 예술치료에 중점을 둔 내용적 특성과 제목의 길이 등을 고려한 후 원저자와의 합의를 거쳐 『예술심리상담사를 위한 ETC 자기돌봄』을 한국어판 제목으로 했음을 미리 밝힌다. 고로 이 책의 주된 대상은 예술심리상담사뿐 아니라 타인을 돕는 것을 업으로 삼는 심리상담사, 치료사, 의료인이나 종교인, 교육자, 서비스업의 감정노동자, 나아가 자기돌봄에 관심이 있는 모든 이들을 아우를 수 있다. LEM의 개념은 예술치료 이론인 ETC에서 확장된 것이기에 저자의 이전 관련 저서를 참고로 한다면 더욱 심도 있는 독서가 가능하겠으나, 이 책은 전문 지식 없이도 누구나 편하게 읽을 수 있는 심리학 분야 혹은 자기계발 분야의 교양서적으로도 적합하다. 역자도 이 책을 통해 풍요로운 삶을 건강히 추구하고 있는지 수시로 성찰하고 있으며, 특히 코로나가 빚어낸 언택트(untact), 뉴 노멀(new normal) 시대에 적응하고자 하는 우리 모두에게도 작은 지침서가 되리라 기대해 본다.

이 한국어 역서는 저자의 놀라운 헌신이 없었으면 불가능했다. 태평양 너머의 저자가 2017년 후반부터 2021년 현재까지 매주 온라인 미팅을 통해 ETC 이론과 슈퍼비전 및 번역의 문장 하나, 표현 하나를 같이 고심해 주었기에 이 책의 번역을 무사히 마칠 수 있었다. 앞으로도 미술치료라는 거대하고도 사랑스러운 학문의 바다를 함께 여행하기를 소망하는 하인즈 박사께 무한한 존경과 감사를 드린다. 고로, 이 책에 부족함이 있다면 전부 역자의 서투름으로 너그러이 봐주시기를 바란다. 더불어 평택대학교와 한국미술치료학회 교수님들의 따뜻한 응원과 학지사 김진환 사장님과 황미나 선생님의 꼼꼼한 도움에도 정중한 감사를 드린다.

자중자애(自重自愛)는 역자의 아버님께서 철없던 아들에게 종종 건네시던 말씀이었지만, 막상 이 옛말을 그리 좋아하지 않았던 기억이 있다. 하지만 어느덧 중년에 접어든 역자가 이 책을 번역하며 당신의 깊은 속내를 이해하는 감사함의 순간들이 종종 있었던 것을 고백한다. 사랑과 헌신으로 항상 함께해 주는 가족에게 건강과 행복, 풍요로운 삶이 언제나 깃들기를 기원한다.

2021년 5월
장욱진 화백의 그림을 보며
역자 임성윤

　『예술심리상담사를 위한 ETC 자기돌봄(Beyond Self-Care for Helping Professionals: The Expressive Therapies Continuum and the Life Enrichment Model)』 한국어판 출간을 환영한다. 당신의 일과 생활에 도움이 될, 삶에 대한 또 다른 접근을 다루는 이 책과 함께하는 당신의 시간에 감사드린다. 2016년에 경주에서 열린 한국미술치료학회의 기조 연설자로 한국을 방문한 것은 큰 행운이었다. 경주의 아름다운 교외 풍경과 맛있는 음식은 나에게 깊은 인상을 주었다. 경주는 만족스럽고 즐거운 삶을 상상케 하는 곳이었다. 또한 이곳에서 이 책의 역자이자 친구인 임성윤 교수를 만나게 되었다. 그는 미국인들과 마찬가지로 많은 한국인이 갖는 걱정과 스트레스를 이해할 수 있도록 도와주었다. 소진은 최근 우리의 삶이 개인과 직업의 책임들로 인해 더욱 바빠지면서 서구사회의 뉴스에 많이 등장하게 된 주제이다. 이 책은 신체적 · 심리적 피로를 예방하는 풍요로운 삶으로의 길을 안내한다.

　나는 이 책이 독자 여러분에게 '이기적'이거나 '자기중심적'인 삶을 권하는 것으로 여겨지지 않기를 바란다. 나는 전체로서의 온전한 개인과 친밀한 타인들을 함께 아우르는 몸, 마음, 영혼의 모델로서 풍요로운 삶의 모델(Life Enrichment Model: LEM)을 겸허하게 제안하고 싶다. 삶을 풍요롭게 하는 각각의 제안은 홀로 하는 것보다 타인들과 그 방법을 나누며 모두의 삶을 풍요롭게 하자는 내용을 담고 있다. 내 바람은 여러분이 이 책을 통해 더욱 건강해지며, 알게 된 내용을 사랑하는 사람이나 친구들과 함께 공유함으로써 '좋은 것을 나누는(pay it forward)' 것이다.

마지막으로 최대한 정확한 번역을 위해 노력한 친구 임성윤 교수의 집념과 헌신에 감사하다. 우리는 많은 시간을 이 책의 내용에 대해 논의하며 정확한 개념과 단어의 번역을 위해 함께 고심했다. ETC(Expressive Therapies Continuum)와 풍요로운 삶의 모델에 대한 그의 지적인 추구는 적지 않은 감동을 주었다. 그의 열정은 한국에 이 이론들과 지식을 충실히 알리는 데에 큰 도움이 되리라 생각한다.

캘리포니아주 세인트헬레나에서

리사 하인즈(Lisa D. Hinz) 박사

저자 서문

몇 년 전 나는 웨인 주립대학교(Wayne State University)의 미술치료학과 학생들을 위해 표현치료연속체(Expressive Therapies Continuum: 이하 ETC)에 관한 주말 강의를 요청받았다. 미술치료 석사 프로그램 학과장인 홀리 핀-캘리건(Holly Feen-Calligan) 박사는 이 강의의 일부로 1시간 동안의 자유주제 대중 공개 강의를 요청했고, 나는 그 요청에 부응해 미술치료 분야와 상관없는 일반인들을 대상으로 한 ETC 이론을 만드는 시도를 하게 되었다. ETC는 사람들이 상이한 미술매체 및 재료와의 상호작용을 통한 미술활동으로부터의 정보를 처리하는 다양한 프로세스를 설명하는 이론이다(Hinz, 2009; Lusebrink, 1990, 1991 참조). 미술치료사들은 사람들이 미술치료에서 매체들을 사용하여 이미지를 만드는 방식이 삶 속에서 생각하고 느끼고 행동하는 방식과 크게 다르지 않다고 믿기에, 나는 더 많은 청중을 위한 ETC 관련 주제를 만들 수 있겠다고 확신했다.

나는 다년간 라이프스타일 의학(lifestyle medicine)[1] 프로그램에

---

1) 역자 주: 예방에 치중한 의학의 한 분야로, 잘못된 생활습관에 따른 만성적 질환이나 위험 단계를 상담이나 코칭과 같은 비약물적인 접근으로 방지한다. 다이어트, 수면, 식습관, 사회관계심리 등을 다룬다. 미국 애리조나 투산의 캐년 렌치 웰니스 리조트(Canyon Ranch Wellness Resort)의 프로그램이 유명하다.

서 일해 왔으며, 한 강의를 통해 라이프스타일 의학과 ETC의 결합에 대한 강한 영감을 받았다. 그 강의는 습관의 변화에 관한 것이었다. 행동의 변화를 보장하는 효과적인 방법은 환경을 풍요롭게 하는 것이다. 발표자는 풍요로운 환경을 통해 사람들이 찾은 많은 삶의 기회가 이전에 고착된 문제행동의 가능성을 줄일 수 있다는 것을 밝혔다. ETC가 풍요로운 환경을 개념화하는 좋은 방법이 될 수 있다는 것을 발견한 것은 멋진 일이었다. 웨인 주립대학교에서 이루어진 공개 강의는 풍요로운 삶과 최상의 정신건강 사이의 관계에 중점을 두어 '당신의 삶을 풍요롭게 하고 삶을 변화시키세요: 최상의 삶을 사세요!(Enrich Your Life, Change Your Life: Live Optimally)'라고 이름 붙였다.

강의는 청중의 따뜻한 호응을 받았으며, 나에게 그 후로도 계속해서 '풍요로운 삶'이라는 주제를 연구하고 가르칠 수 있는 큰 영감을 주었다. 나는 내담자의 부정적인 과거를 개선하기보다는 그들의 강점에 초점을 맞추어 긍정적인 미래를 창조하는 긍정심리학과 미술치료의 접근 방식을 선호하기에, 자기돌봄 영역에서 이 풍요로움에의 적용은 자연스럽고 필연적인 것이었다. 이러한 접근 방식은 망가진 것을 고치는 것보다는 개인이 자연스럽게 풍요로운 삶으로의 변화를 이루도록 그들 스스로 할 수 있는 것에 더욱 초점을 맞추게 한다.

볼티모어에서 개최된 2016년 미국미술치료협회(American Art Therapy Association) 콘퍼런스에서, 나는 나의 책에 사인을 받기 위해 온 학생들과 미술치료사들을 대상으로 비공식적인 설문조사를 했다. 나는 내가 만든 작은 그림을 주며 물었다. "제가 쓰고 있는 자기돌봄에 관한 책에 꼭 포함되었으면 하는 한 가지는 무엇인가요?" 33명이 답을 주었고, 그들의 답변들은 다음과 같이 분류되었다.

삶의 우선순위로서의 자기돌봄

확실히 사람들 대부분은 자기돌봄을 어떻게 개념화하여 그것을 삶의 우선순위 목록에 올려놓을 수 있을지에 대해 관심이 많았다. 자기돌봄이라는 주제가 대부분의 사람이 삶 속에서 기본적으로 응용하는 익숙한 개념일 것이라고 생각했기 때문에, 나에게 이 답변은 다소 놀라웠다. 따라서 자기돌봄을 우선과제로 삼는 것에 대해 첫 번째로 고려할 것은 왜 자기돌봄이 심리상담 관련 직업들의 수행능력에 있어서 핵심 부분인지에 대해 인식의 전환을 한 후, 자기돌봄의 중요한 개념을 공부하기 위해 마음의 힘과 여분의 시간을 확보하는 것을 포함한 내면의 정신적 풍경을 확장하는 것이다.

자기돌봄을 정의하고 실행하는 것은 직업의 정체성 확립에 매우 기본적인 것이기 때문에, 이러한 인지적 변화를 시작하기에 적절한 시기는 대학원 때일 것이다. 그러나 자기돌봄의 중요성은 시간이 지남에 따라 달라질 수 있기에, 자기돌봄과 관련된 주제는 대학원 시기뿐만 아니라 평생에 걸쳐서 한 번 이상은 꼭 다루어져야 한다. 대학원 과정이 시작되는 시기에 주요 초점은 대부분 학습 내용에 있으므로 자기돌봄은 불필요하거나 소홀하게 여겨지기 쉽다. 이론적 학습이 우선이고 그 외의 다른 내용은 불필요한 것으로 여겨질 수 있는 것이다. 대학원 과정 중 학생들이 처음으로 의미 있는 임상 경험을 하게 되고 치료 기술들을 배우는 데 집중하게 되면서, 개인의 자기돌봄에 관한 주제는 이러한 숙련 과정에 오히려 방해가 되는 것처럼 보일 수도 있다.

대학원 과정의 마지막 단계에서 임상 실습의 강도와 미묘한 세부사항들이 더욱 강조되면서, 자기돌봄은 치료사의 웰빙에 있어서 중요하게 여겨질 것이다. 그러나 이 내용을 새롭게 접하게 되면, 개인적인 주제라기보다는 오히려 마스터해야 하는 과목의 내용으로 받아들여질 수 있다. 따라서 나는 이 주제가 대학원 교육 전반의 학습 경험과 치료사의 경력 전반에 걸쳐 형성되어야 한다고 생각한다. 심리상담사들이 그들의 임상 실습에 종사하게 될 때쯤의 질문은 '자기돌봄이란 무엇이고 왜 중요한가?'와 같은 개념적인 것이 아니라 '나는 자기돌봄을 어떻게 해야 할까?'와 같은 구체적인 것이 되어야 할 것이다.

시간 찾기

설문조사로 나온 두 번째 주제는 실질적인 것으로, 우선순위가 매겨진 자기돌봄 활동들을 위한 시간을 찾는 방법이었다. 참여자의 대다수는 일정으로 꽉 찬 일상에 더 이상의 활동을 추가할 방법을 모르겠다고 했다. 이 책은 추가적인 스트레스와 부담, 책임감을 느끼지 않고도 삶을 풍요롭게 하는 다양한 방법을 모색한다. 어떤 제안들은 마음챙김(mindfulness)을 강화시키는 것으로 사물, 사건 및 경험에 주의력을 높임으로써 삶의 활력과 기쁨을 증대시킨다. 또한 이미 해 오고 있지만 이전에는 '자기돌봄' 활동으로 간주되지 않았던 행동들을 깨닫고 그것들에 감사하는 것이 필요하다. 이러한 행동들은 어떻게 불리든 상관없이 당신의 삶에 충만함과 풍요로움을 더한다. 또한 삶을 풍요롭게 하는 활동들에 많은 시간을 할애할 필요가 없다는 점을 유의하는 것도 중요하다. 영감을 주는 활동에 완전히 몰입하는 30초 동안의 '향유(savoring)' 과정은 확실한 효과가 있다.

사전에 적극적으로 자기돌봄 활동을 위한 일정을 잡는 것은 실행 가능성을 높일 수 있다. 연구 결과에 따르면 '할 일'의 목록을 작성하면 작업 완료 가능성이 약 30% 증가하지만, 달력에 일정을 추가하면 끝낼 확률이 거의 75%까지 증가한다. 따라서 삶을 풍요롭게 하는 활동들은 최대한의 결과를 얻기 위해 매일 하루의 일정 안에 있어야 한다. 또한 친구와 일정한 시간에 일정을 맞추어 활동하는 것도 활동을 확실하게 하는 또 다른 방법이다. 예를 들어, 서로 바쁜 일정에도 일정이 맞는 친구와 한 달에 한 번 미술 모임을 계획하는 것은 삶을 의미 있고 활기차게 만든다. 일정에 없는 (자기돌봄을 위한) 활동들을 무형식으로 계획하는 것은 종종 '꼭 맞는 시간'이 오지 않으면 미루어지기 쉬우며, 예정된 활동이 달력에 '꼭 맞게 자리 잡고 있어야만' 지킬 수 있다. 사랑하는 사람과 함께 지역 공동체 안에서 함께 창작활동을 한다는 심리적 보너스는 이러한 풍요롭게 하는 활동의 긍정적 효과를 더욱 증폭시킨다.

자기돌봄이 가장 필요할 때

설문조사에 참여한 사람들의 세 번째 중요한 포인트는 삶이 힘들어지거나 일정이 꽉 차 있을 때 자기돌봄이 우선과제임을 어떻게 확인할 수 있는지에 대한 것이었다. 치료사들은 명백히 자신의 욕구에 초점을 유지하고자 하지만, 임상 업무에서 타인의 욕구를 최우선으로 해야 할 때 어려움을 겪는다. 이 주제와 관련한 문제로, 자기돌봄 활동을 우선순위로 하고 시간을 내는 첫 노력의 성공 이후 '자기퇴행 행위(self-sabotage)'를 피하는 법에 관한 것이 있었다. 한 여성은 '자신의 발에 스스로 총을 쏘는 우리를 위한 방탄 양말(Kevlar Socks) 같은 것'을 원한다고 썼다. 자기퇴행 행위는 보통 단기적이고 긍정적인 보상 행위 선택의 결과이지만 장기간에 걸친 결과로는 인정받지 못한다.[2] 따라서 자기돌봄을 위한 끈기 있는 노력을 위해 삶의 풍요로움이 주는 장기적이고 긍정적인 결과를 이해하고 다양하고 긍정적인 단기 자기돌봄 활동에 할애할 시간을 확보해야 한다. 풍요로운 삶의 중요성을 이해하면, 심리상담사의 잠재적 위험에 대한 장기 해결책의 가치를 알고 투자하여 성취할 수 있다.

언제든 끄집어낼 수 있는 다양한 활동의 목록을 갖추는 것은 자기퇴행 행위를 피하고 자기돌봄과 삶의 풍요로움을 유지하는 지속적인 노력을 위해 필수적이다. 만약 당신이 '자기돌봄'을 너무 좁게 정의하여 예술활동, 친구와의 저녁 외식, 온라인 쇼핑과 같은 것

---

2) 역자 주: 자기돌봄을 시작하는 것은 쉽지만 오래 지속되기 어렵고, 자기퇴행의 형태로 이전의 안 좋은 버릇으로 더욱 쉽게 돌아갈 수 있다.

들로만 한정한다면 그런 행위들의 효과는 점점 사라질 것이다. 우리는—긍정적인 것들을 포함하여—우리가 반복적으로 하는 일에 곧 익숙해지고, 그것들은 시간이 지나면서 삶을 보호하는 에너지를 잃게 된다. 따라서 다양한 종류의 경험을 개념화하고 포함할 수 있도록 자기돌봄의 정의를 '풍요로운 삶'으로 확장하는 것이 중요하다. 또한 영감을 얻기 위해서는 친숙해진 활동들을 수정해 보는 것도 삶에 활력을 준다. 나와 함께 일한 동료 치료사는 자기돌봄의 한 형태로 오직 수채화에만 전적으로 빠져 있었으나, 시간이 흐르며 수채화는 그녀의 에너지를 끌어올리기보다는 오히려 뺏는 것처럼 느껴지기 시작했다. 직장 생활의 부정적 측면은 억압적으로 쌓이기 시작했고, 그녀는 직업적 소진(professional burnout)에 빠지게 되는 것을 두려워하게 되었다. 나의 제안으로 그녀는 소울 콜라주(SoulCollage™)3)라는 낙관적인 예술활동에 참여하게 되었고, 임상 작업을 위한 새로운 에너지와 열정, 희망을 되찾게 되었다.

매체를 수채화에서 콜라주로 바꾼 것은 이 치료사에게 자신을 바라보는 새로운 방식을 갖게 했으며, 그녀의 작품에도 새로운 의미를 선사했다. 새로운 매체는 이 젊은 여성이 자신의 일과 관계된 자신의 측면들에 대해 탐구하는 동시에 그녀가 자신의 업무와 분리되는 것을 가능케 했다. 또한 콜라주 활동은 그녀 자신에게 즐거움과 깨우침을 주었다.

나는 모두에게 그들이 사용하는 매체에 변화를 줄 것을 권유한다. 여기서 매체는 말 그대로 당신이 미술작품을 만들 때의 미술매

---

3) 역자 주: 시나 프로스트(Seena B. Frost)에 의해 개발된 콜라주 제작과 분석을 통해 자기탐색을 하는 활동이다.

체뿐 아니라 상징적으로는 다른 활동들도 포함한다. 변화를 주었을 때 그 매체 혹은 활동은 다시 새롭고 보람 있는 것으로 바뀌게 된다. 또한 매체를 바꾸는 것은 풍요로운 삶이 당신에게 어떤 의미인지, 그 개인적 정의의 중요성을 일깨워 줄 수 있다. 활력과 풍요로 가득 찬 삶을 창조하는 고정된 방법은 없다. 주의 깊게 결정되고 의도적으로 행해지는 방법이 당신만의 고유한 방법이 될 것이다. 이 책은 삶을 풍요롭게 하는 활동의 사례들로 가득 차 있다. 그런데 어떤 것은 완벽하게 들어맞을 것이나, 어떤 것은 전혀 그렇지 않을 수도 있다. 어떤 것은 한 번에 효과가 있을 수 있으나, 나중에 그렇지 않을 수 있다. 중요한 것은 어떤 활동들이 역동적인 균형을 가지고 작동하여 개인으로서의 삶과 전문적인 업무를 활기차게 할 수 있는지 당신 스스로 알아내는 것이다.

마지막으로, 어려움을 직면하고자 결정할 때에는 주변의 지지가 필요하다. 이 지지는 더욱 강한 힘의 도움을 받는 것이 될 수 있다. 당신이 지속적으로 직면하고 있는 어려움이 전부가 아니고 끝도 아님을 아는 것은 인내심을 유지하는 데 필수적이다. 더 높은 존재를 향한 기도를 통해 또는 슈퍼바이저, 치료사, 동료 상담 집단이나 좋은 친구와의 토론을 통해 의구심과 두려움을 털어놓는 것은 도움이 된다. 이러한 상호작용은 우리의 노력과 도전에 의미를 더할 수 있으며, 계속되는 삶의 여행에 영감을 준다.

요약하자면, 자기돌봄 활동을 깊이 기르고 개발하는 것은 정신건강 업계를 비롯한 심리상담 영역의 종사자들을 위한 풍요로운 삶에 대한 정의, 그 필요성에 대한 이해에 기반한다. 자기돌봄은 그 근본적인 특성 때문에 전문적인 교육 초반에 학습되어 전체적으로 반복되는 것이 중요하다. 자기돌봄의 실행 내용은 자신의 커리어 과정 동안 또 바뀔 것이다. 또한 친구들의 지지를 비롯하여 활동 일정 짜기 및 습관화를 피하기 위한 활동의 다양화와 같이 실질적으로 고려해야 할 점들이 있다. 마지막으로, 삶의 풍요로움은 실존적 위기와 영적 관심을 다루는 것도 포함한다. 이 모든 주제는 이어지는 장들에서 더욱 깊이 탐구될 것이다.

책의 구성

이 책의 처음 세 장에서는 나머지 내용의 기반이 되는 기초적인 것들을 소개한다. 제1장에서는 소진, 대리외상, 컴패션 피로 및 이차적 외상 스트레스와 같은 다양하고 유해한 증후군의 위험에 노출되어 적절한 자기돌봄이 이루어지고 있지 않은 심리상담 관련 직업군의 위험성 및 그들을 도울 가능성들을 탐구한다. 증상에 대한 관련 용어들의 정의와 구분을 다루며 풍요로운 삶을 포함한 예방 노력에 대한 논의로 마무리된다. 제2장에서는 풍요로운 삶의 주제에 대한 폭넓은 정의 및 이점에 대한 탐구를 통해 풍요로운 삶에 대한 개념을 확장한다. 제2장의 끝부분은 풍요로운 삶을 사는 것과 최상의 건강을 이루는 것 사이의 관계를 논의하며, 이는 풍요로운 삶의 자연스럽고 논리적인 결과로서 제시된다. 제3장에서는 삶을 풍요롭게 하는 많은 경험을 설명하는 ETC를 응용한 풍요로운 삶의 모델(Life Enrichment Model: 이하 LEM)을 소개한다. LEM의 각 수준과 구성요소가 설명되고, 이들 간의 동적 균형이 논의된다. 자기돌봄과 최상의 건강을 위한 기반으로서의 바람직한 풍요로움에 관한 주제가 다루어진다.

　LEM의 각 구성요소에 대한 심층적인 논의는 제4장에서 제10장까지 나와 있다. 각 장에서는 각 단계의 반대 구성요소 간의 동적 균형과 이 관계를 통해 삶의 질을 향상시키는 방법에 대해 설명한다. 제4장은 감각 요소와 시각, 청각, 미각, 촉각, 후각과 관련된 다양한 경험을 통해 삶이 어떻게 향상될 수 있는지에 초점을 맞춘다. 감각의 효과는 일시적이므로 감각적 효과를 연장하고 증폭시키는 전략에 대해 논의한다.

　제5장은 LEM의 첫 번째 레벨에서의 감각과는 반대되는 움직임을 탐구한다. 상쾌한 신체적·지적·정서적 측면의 운동이 확대되고 신체활동과 신체 운동의 중요한 구분이 이루어진다. 운동을 통한 삶의 질 향상을 위한 권장사항이 제시된다.

　제6장은 일상생활에서 패턴과 루틴이 일상의 위안과 풍요로움을 향상시키는 것에 중점을 둔다. 또한 이 장에서는 우리가 주변 환경에 대한 느낌에 영향을 받고 있다는 사실과 만약 우리 주변의 물리적 환경을 유념한다면 이 사실을 어떻게 활용할 수 있는가에 대해서도 탐구한다. 이에 더하여 제6장에서는 만다라 채색 및 기타 미술활동을 통해 관계의 다양성을 개발하며 단단한 경계선을 설정하고 유지함으로써 패턴과 루틴을 받아들여 우리의 삶을 강화할 수 있는 세 가지 다른 방법을 다룬다.

　제7장의 주제는 감정과 우리의 삶에서 감정들이 갖는 목적이다. 이 장에서는 풍요로운 삶을 위해 긍정적인 감정들을 증가시키고 어떻게 그것과 친하게 지내는지에 대한 방법 및 어두운 감정들을 수용하는 방법도 다룬다. 감정들을 소통하는 것의 중요성은 긍정

적인 관계들의 노력으로서 강조된다. 마지막으로 미술을 통한 감정 조절과 활력을 찾는 법에 대한 내용을 다룬다.

제8장에서는 좌뇌와 우뇌의 기능의 차이에 대해 논의하고, LEM에서 지능이라는 좌뇌의 기능에 초점을 맞추고 있다. 사려 깊은 좌뇌의 과정은 치료사나 상담사가 자신의 이야기에 상상력을 더하여 정신을 고양시키고 깨우침을 주는 자기서사로 재구성할 수 있도록 도움으로써 삶의 질을 향상시킬 수 있다. 좌뇌의 방식은 자기자비(self-compassion)의 발달을 촉진하고 삶의 의미를 증가시킬 수 있으며 직업 만족도를 증가시킬 수 있다. 주로 언어 지향적이고 논리적이며 노력이 많이 필요한 좌뇌의 방식과는 반대로, 제9장에서는 두드러지게 시각적이고 직관적이며 노력을 요하지 않는 우뇌의 과정을 탐색한다. 그것은 예술, 시 그리고 다른 상징적인 활동에 참여함으로써 우리의 삶이 풍성해질 수 있는 방법에 초점을 맞춘다.

또한 제9장은 풍요로운 삶을 위한 기초로서 자기성찰의 중요성을 강조하고 자기성찰의 실천을 수립하기 위한 다양한 방법을 제시한다.

제10장은 삶을 풍요롭게 하는 창의성을 다룬다. 이 장에서의 창의성은 모든 사람이 사물이나 아이디어를 새롭게 혹은 유용하게 결합하여 연결할 수 있는 능력으로 간주된다. 독자들이 삶의 풍요를 유지하기 위한 전략으로 '일상의 창의성(everyday creativity)'을 수용하기를 권한다. 이 창의성의 탐구는 어떻게 몰입(flow)의 개념과 경험이 삶의 풍요와 개인의 행복을 크게 증가시키는지와 밀접한 관련이 있다.

이 책의 마지막 장은 내가 풍요로운 삶을 살면서 얻게 된 세 가지의 본질적인 결실을 요약한다. 첫 번째는 개인적 노력 및 직업적 노력 모두에서 끌어들일 수 있는 것으로부터 긍정적인 감정들과 자비로운 마음의 깊은 샘물을 가지게 되는 것이다. 풍요로운 삶을 살아가며 얻는 두 번째 효과는 넓은 여백이다. 여백을 갖고 활동함으로써 풍성한 경험을 점점 더 많이 하게 되고, 그것은 풍요로운 삶을 조성하여 더욱 활력을 준다. 마지막 효과는 경계들에 대한 긍정적인 관점에서 나온 단단한 경계를 갖게 되는 것이다. 이것은 자신의 필요를 최우선으로 생각하는 것이 이기적이지 않다는 것을 깨닫는 것에 기반한다.

이 책에서 제공되는 모든 정보와 조언은 미술치료, 심리학, 신경학, 신학과 윤리학 등 다양한 분야의 연구들로 뒷받침된다. 각 장에는 풍요로운 삶을 위한 전략과 실질적인 제안이 담겨 있는데, 이를 통해 독자들 스스로 지속적으로 삶을 풍요롭게 하는 새로운 경험을 찾아 실천할 수 있게 되기를 바란다. 마지막으로, 각 장은 자기성찰을 위한 질문으로 결론을 맺는다. 스스로에 대해 숙고할 때 비로소 책의 내용에 대한 개인적인 이해가 깊어질 수 있을 것이다.

차례

제1장 심리상담사가 처한 위험 • 29

제2장 자기돌봄을 넘어 풍요로운 삶으로 • 43

제11장 최상으로 살기: 깊은 샘물, 넓은 여백, 단단한 경계 • 197

나는 우리가 누군가에게 그의 안에 없던 생각을

불어넣을 수는 없다고 생각합니다.

대체로 모든 사람 안에는 이미 모든 종류의 좋은 생각이 있어,

불쏘시개처럼 마련되어 있습니다.

하지만 많은 불쏘시개는 오직 어떤 불꽃이나 외부,

즉 다른 사람의 불씨와 닿을 때에만 성공적으로 불탈 수 있습니다.

또한 우리 자신의 빛은 자주 꺼집니다.

그리고 우리가 다른 사람과 겪는 경험으로 다시 불붙습니다.

고로 우리 각자는 우리 안의 불꽃을 붙인 사람들을

깊은 감사의 마음을 갖고 생각해야 할 이유가 있습니다.

– 슈바이처(Schweitzer, 1959, p. 17)

이 책을 사랑과 함께 바칩니다.

불꽃을 일으킨 홀리 핀-캘리건(Holly Feen-Calligan)에게

불꽃을 지킨 조지 사코폴러스(George Sakopoulos)에게

불을 거세게 하는 마리아 리카디(Maria Riccardi)에게

결승선을 가로질러 햇불을 든 엘레나 사코폴러스(Elena Sakopoulos)에게

그리고 가는 곳마다 불을 지피는 소피아 사코폴러스(Sofia Sakopoulos)에게

심리상담사가 처한 위험

좋은 사람들은 양초와 같다.

그들은 타인에게 빛을 주기 위해 스스로를 태운다.

- 터키 속담

나는 누구나 스스로 자신에게 적합한, 건강하고 풍요로운 삶을 살 수 있는 능력을 가지고 있다고 믿는다. 하지만 찬찬히 살펴보면, 우리 사회에서는 이러한 풍요로운 삶과는 오히려 반대되는 삶을 살게 되기 쉽다. 사람들은 너무 열심히 일하면서 스스로의 신체적 · 정신적 · 영적 건강을 희생하는 경향이 있다. 특히 심리상담사는 다른 사람을 돕는 것에만 집중해야 하며 자신과 자신의 욕구(needs)에 초점을 맞추는 것은 직업적 가치와 모순된다는, 널리 퍼진 잘못된 신념 때문에 스스로를 위험에 빠뜨리게 된다. 나는 의사, 간호사, 종교인뿐만 아니라 타인을 돕는 다양한 종류의 치료사들 사이에 퍼진 이러한 자기부정적 태도들을 봐 왔다. 하지만 심리 상담사 스스로가 자신을 잘 돌보지 않으면 자신이 아프거나 장애를 갖게 되어 결국 다른 사람의 돌봄을 받게 되어 버리고 만다.

좋은 자기돌봄 노력은 스트레스, 소진(burnout) 및 기타 부정적인 상태의 악화를 예방하는 데 도움이 될 수 있다(Kavoor, Mitra, Mahintamani, & Chatterjee, 2015; Malinowski, 2014; Norcross & Guy, 2007). 하지만 이 책이 말하고자 하는 초점은 단순한 자기돌봄이 아닌 그 이상의 것이다. 이 책은 단순히 부정적인 상태를 예방하거나 중립적인 안전한 상태를 찾는 것이 아니다. 이 책의 목표는 '풍요로운 삶'에 대한 관심을 높이고, 이 풍요로운 삶을 통해서 어떻게 임상가들에게 웰빙에 대한 인식이 스며들게 할 수 있을지를 이해하는 것이다. 풍요로운 삶을 사는 것은 사람들의 든든한 육체적 건강, 지지적 사회관계, 의미 있는 직업 커리어, 활발한 영적 삶에 도움이 된다. 이러한 총체적 건강은 삶의 전반적인 활력을 증진시키고 창의성을 촉진시킨다. 그것은 심리상담사가 인생을 충만하게 살 수 있게 함과 동시에 독창적으로 타인을 돕는 직업을 잘 수행해 나갈 수 있는 능력을 갖게 한다.

라이프스타일 의학(lifestyle medicine) 프로그램에서 심리학자이자 예술치료사로 일하면서 끊임없이 타인과 외부세계에 주는 것에만 집중하여 야기되는 부정적 영향을 전형적으로 보여 주는 많은 예술치료사를 만나 왔다. 그들은 일의 한계를 정하거나 자신을 돌보는 것이 이기적이라고 믿으며 자주 에너지와 활력의 부족 및 스트레스와 피로감을 호소한다. 때로 그들은 자신이 무의식적으로 식사를 하고, 운동량은 부족하며, 제대로 자지도 못한다고 토로한다. 많은 사람이 낮에는 카페인을 마시면서 몸을 '일하게' 하고 저녁에는 술에 의존하여 긴장을 풀며 휴식을 취하는 악순환에 빠지게 된다. 종종 이들은 자신이 원하는 것을 생각하곤 하다가 스스로가 이기적이거나 자기중심적이라고 여기게 된다고 토로한다. 특히 자신의 욕구를 환자나 환자 가족들의 욕구보다 앞서 생각할 때 더욱 그렇게 느낀다.

몇 년 전, 나는 한 미술치료사 집단에게 자기돌봄에 관한 프레젠테이션을 한 후 이와 같은 관점을 가진 청중으로부터 매서운 말을 들은 적이 있다. 이 참여자는 응답지에 "자기돌봄을 위한 미술활동에만 모든 초점을 맞추는 것이 정말 싫네요. 그냥 당신이 하기로 한 일을 하세요!"라고 써서 나를 깜짝 놀라게 했다. 이것이 미술치료사들 사이의 일반적인 인식인지는 모르겠지만, 적어도 그것이 그들에게 해로운 것이라는 것을 나는 안다. 그들은 '하기로 한 일을 계속해야' 한다고 믿고 자신들 내부의 경고 신호를 무시할 가능성이 크다. 그들은 굶주림이나 육체적 고통, 긴장 또는 우울을 겪으며 일한다. 그렇게 일하는 와중에 그들의 치유자로서의 효율성은 떨어질 것이며, 치유자로서의 수명 또한 단축될 것이다.

나아가 자신을 '돕는 사람(helper)'으로 인식하는 사람은 막상 자신이 스스로를 위해 필요한 것이 무엇인지 묻는 것이 불편할 수도 있다. 개인주의 사회에서 우리는 한 사람이 모든 것을 잘 알아야 하고 남에게 도움을 청하는 것은 하나의 약점이라고 생각한다. 그러나 인간은 사회적 동물이다. 한 사람이 모든 것을 잘하는 것은 불가능하기 때문에 우리는 (커플, 가족, 조직 및 커뮤니티와 같은) 집단과 함께할 때 역할을 가장 잘 수행하며 기능할 수 있다. 집단 안에서 어떤 사람들의 장점은 다른 사람들의 장점을 더욱 강하게 하고 약점도 보완할 수 있다. 실제로 모든 사람에게, 전문적인 '돕는 사람들(helpers)'로 여겨지는 사람들조차도, 도움을 요청할 때를 아는 것은 매우 중요하다.

나는 풍요로운 삶을 살기 위해서는 이 책 전체에 걸쳐 정의되고 전개될 세 가지의 필수 요소가 있다고 생각하는데, 그것은 '깊은 샘물, 넓은 여백, 단단한 경계'이다. 이 요소들과 '풍요로운 삶의 모델(Life Enrichment Model: 이하 LEM)' 사이의 관계가 탐구될 것이며, 역동적인 균형 안에서 LEM의 적용이 설명될 것이다. 역동적인 균형 속에서 풍요로운 삶을 사는 사람들은 균형이 밀물과 썰물처럼 항상 움직인다는 것을 안다. 그것은 멈추어져 있는 것이 아니고, 또 그래서도 안 된다. 때로는 LEM의 한 영역에의 관심과 에너지의 집중이 필요하며, 또 다른 때는 다른 영역에 초점을 맞춘다. 풍요롭고 깊은 샘물은 LEM의 다양한 측면에서 비롯되지만, 특히 희망, 낙관주의, 탄력성 및 자기효능감과 같은 긍정적인 감정의 증가에서 비롯된다. 넓은 여백을 가지려면 잠시 멈춤을 위한 시간을 확보해야 한다. 때로 이 멈춤은 긴장 완화나 단순한 휴식, 혹은 자신을 돌아보기 위한 것이나, 마음을 챙기며 살기(live mindfully) 위해서는 항상 활동들 사이의 시간을 확보해 두어야만 한다. 단단한 경계를 갖기 위해서는 자기 자신의 삶과 건강에 초점을 맞추는 것이 이기적인 것이 아니며 실제로 필요한 자기보호의 한 형태라는 것을 깨달아야 한다. 풍요로운 삶을 살 때 당신은 자신의 건강을 유지할 수 있을 뿐 아니라 다른 사람들에게 줄 수 있는 더 많은 에너지를 가질 수 있다.

독자들이 이 책을 바로 '해야만 하는' 또 다른 일들의 목록으로 읽지 말아 주었으면 한다. 당신은 이미 많은 일을 잘 해내고 있다. 나는 오히려 당신이 최상의 건강을 유지하기 위해 이미 하고 있는 것들에 대한 깨달음과 발견으로 이 책을 읽기를 권한다. 당신이 이미 하고 있는 것들을 깨달아 감사하고, 더 고마움을 느끼며 계획적으로 계속할 수 있게 되기를 바란다. 또한 간단하지만 효율적인 방식으로 삶을 풍요롭게 할 수 있는, 제안하고픈 삶 속의 다양한 기회의 목록으로 이 책이 읽히기를 원한다. 나아가 나는 당신이 기분이 좋다면 도덕적으로도 좋은 사람, 기분이 나쁘면 나쁜 사람이라는 도덕적 계명에 대해 말하려는 것이 아니다.[1] 이 책을 쓰면서 나는 단지 당신이 당신 자신과 당신의 삶, 직업에서 최대한의 웰빙을 촉진시킬 수 있는 다양한 방법에 대해 호기심을 갖게 되기를 바란다.

누구나 기분이 우울하거나 삶과 직업에서 원동력을 잃을 때가 반드시 있을 것이다. 이는 당신이 인간인 이상 당연한 일이다. 그러나 당신이 풍요로운 삶을 살 때, 그 어두운 시간들은 빛을 더욱 아름답게 할 수 있다. 고백하건대, 나 자신도 어두운 시간과 부정적인 생각들이 이 책을 쓰는 것을 매우 힘들게 한 적이 있다. 그 시간 동안, 나는 내 인생이 항상 완벽한 균형 상태에 있지 않다면 사람들에게 건강에 관해 말할 자격이 없다고 생각했다. 완벽주의가 나를 방해하고 있음을 깨달은 것이다. 사람들에게 조언해 주기 위

---

1) 역자 주: 웰니스 신드롬(wellness syndrome) 혹은 웰니스 강박증처럼 웰빙과 건강함이 마치 그 사람의 도덕성을 포함한 모든 것을 말해 주는 것과 같이 여겨지는 사회적 분위기에 편승하려고 하는 것은 아니다(Cederström & Spicer, 2015).

해 내 삶과 일에서 언제나 100% 완벽할 수는 없다고 스스로 말할 수 있게 되었을 때, 글쓰기가 비로소 쉬이 다가왔다. 나는 정직하게, 최상의 건강을 위해 노력해야 한다. 그것이 내가 살아가는 삶의 방식이다.

치료사나 상담사와 같이 타인을 돕는 분야의 사람들에게 닥치는 해로운 부작용에 대한 많은 연구가 있어 왔다. 자기돌봄에 관한 많은 책은 내담자의 신체적 또는 정신적으로 고통스러운 사건에 대해 듣는 것이 치료사의 육체적·정신적 안녕을 침식하고 업무수행능력도 방해할 수 있다는 사실을 말해 준다(Kottler, 2017; Malinowski, 2014; Norcross & Guy, 2007; Wicks, 2007). 직업적 소진(professional burnout), 컴패션 피로(compassion fatigue), 대리외상(vicarious traumatization), 이차적 외상 스트레스(secondary traumatic stress)라고 불리는 이 증후군들은 미묘한 차이가 있지만 개념적으로 많이 중첩된다(Canfield, 2005; Figley & Ludick, 2017; Malinowski, 2014). 사실 이러한 유사한 증상들을 설명하기 위한 다양한 용어는 이런 증상들을 정의하는 연구의 발전을 더디게 했을 수도 있다. 따라서 심리상담사들의 이러한 증후군의 해로움 및 영향, 예방 및 치료에 대한 이해는 미루어진다(Newell, Nelson-Gardell, & MacNeil, 2016). 이 책의 독자는 우리가 치료사로서 겪는 고통에 의해 심리적 외상을 입을 가능성이 있으며, 이 이차적 외상이 감정적·육체적 소진을 일으킬 가능성이 있다는 것을 알 수 있다. 하지만 잘 준비된 자기돌봄으로 얻어지는 풍요로운 삶은 이러한 예기치 않은 피해를 확실하게 예방할 수 있다.

정의와 차이점

직업적 소진은 심리상담사, 일이 행해지는 대상(내담자)들 및 단체(병원, 클리닉, 기관)와 관련된 요인으로 인한 다차원적인 상태로 개념화되어 왔다(Newell et al., 2016). 그것은 기관의 자원과 지원의 부족과 같은 조직적 요인도 고려되는 유일한 증후군이다(Figley & Ludick, 2017). 흥미롭게도, 직업적 소진은 다른 심리상담사보다 간호사, 의사 및 치과 의사에 관한 문헌에서 자주 사용되는 용어이다. 소진이 갖는 차별성은 컴패션 피로, 대리외상 또는 이차적 외상 스트레스 등 다른 증후군들의 결과로서 갖는 상태이다. 대리외상 및 이차적 외상 스트레스는 내담자의 외상에 지속적인 노출로 인해 발생한다는 유사성이 있다. 이차적 외상 스트레스를 앓고 있는 사람들은 외상후 스트레스 장애(PTSD)에 따른 심리적·신체적 증상이 나타나는 것이 명확한 차이인 듯하다.

말리노프스키(Malinowski, 2014)에 따르면, 이차적 외상 스트레스의 증상은 PTSD의 증상과 매우 유사하지만, PTSD로 고생하는 환자는 실제로 생명을 위협하는 사건에 직면하거나 심각한 부상을 입은 반면, 이차적 외상 스트레스로 고통받는 임상가는 트라우마를 겪은 내담자의 이야기와 감정에 공감함으로써 트라우마를 간접적으로 경험한다. 대리외상은 세계에 대한 인지적 변화와 믿음 및 세계의 변화에 영향을 미치는 능력과 더 연관이 있다고 정의되어 왔다(Newell et al., 2016).[2]

---

2) 역자 주: 세계에 대한 본인의 무능력함과 무기력함을 자각하게 되는 것

과거에 컴패션 피로는 직업적인 소진과 대리외상의 특징을 지닌 상태로 간주되었지만(Figley & Ludick, 2017; Newell et al., 2016), 최근에는 고통받는 사람들과의 만성적 공감의 결과로 얻어지는 심리상담사의 정서적·육체적 피로에 대한 전반적인 경험으로 정의된다(Newell et al., 2016). 이렇게 컴패션 피로는 이차적 외상 스트레스의 결과로 볼 수 있다(Figley & Ludick, 2017). compassion이라는 단어는 라틴어 pati와 cum에서 유래한 것으로, '함께 고통받는 것(to suffer with)'을 의미한다(McNeill, Morrison, & Nouwen, 2006). 컴패션은 다른 사람의 고난에 대한 공감뿐 아니라 그것에 대해 무언가를 해야 하는 책임을 느끼는, 부담스러운 상태이다.[3] 맥닐 등(McNeill et al., 2006, p. 4)은 다음과 같이 말한다.

> 컴패션의 어려움을 과소평가하지 말자.
> 컴패션은 다른 사람들과 함께
> 그들의 약하고, 취약하고, 외롭고, 망가진 곳으로 가고자 하는
> 내면의 의지가 필요하기에 어려운 것이다.
> 그러나 이것은 고통에 대한 우리의 자연스러운 반응은 아니다.
> 우리가 가장 원하는 것은 고통으로부터 도망쳐 벗어나거나
> 그것에 대한 빠른 치유를 찾는 것이다.

이 인용문은 컴패션이 요구하는 지속적인 부담과 고통에 대한

---

3) 역자 주: 컴패션(compassion)은 타인의 고통에 나도 같이 아픔을 느낀다는 측면에서 연민(pity), 공감(empathy), 동정(sympathy), 혹은 자비심(mercy)과는 미세한 차이가 있다. 측은지심(惻隱之心)과 일맥상통하는 뜻이라고도 볼 수 있으나, 이 책에서는 '컴패션'으로 있는 그대로 표기하고자 한다.

통상적인 반응을 잘 설명하고 있다. 우리는 고통으로부터 도망치거나 그것을 신속히 가라앉히고 싶어 한다. 직면하고 있는 지속적인 트라우마의 쇄도를 피하거나 치유할 수 없을 때, 심리상담사들의 이차적 외상 스트레스와 컴패션 피로는 악화될 수 있다.

이차적 외상 스트레스와 컴패션 피로의 발생

최근의 두 연구에 따르면, 이차적 외상 스트레스(secondary traumatic stress)와 컴패션 피로(compassion fatigue)는 높은 수준의 공감, 고통과 많은 업무량에 대한 장기적인 노출, 낮은 업무 만족도, 외상성 기억, 기타 예기치 않은 삶의 문제를 마주하는 심리상담사들에게 나타나기 쉽다(Figley & Ludick, 2017; Turgoose & Maddox, 2017). 높은 수준의 공감은 유능한 치료사의 개인적 특성이지만, 치료사의 컴패션 피로나 이차적 외상 스트레스 증후군을 악화시키는 주요 요인 중 하나이기도 하다(Figley & Ludick, 2017; Malinowski, 2014; Turgoose & Maddox, 2017). 공감과 이타주의는 심리상담사들이 내담자의 외상 경험에 지속적으로 직면할 때 고갈될 수 있다. 치료사가 해결되지 않은 개인적 외상의 경험이 있는 경우에 특히 그렇다. 내담자와 치료사가 가진 외상 사이의 유사성이 클수록, 치료사의 이차적 외상 스트레스 경험과 컴패션 피로는 심해지게 된다(Figley & Ludick, 2017; Malinowski, 2014).

이차적 외상 스트레스와 컴패션 피로의 악화에 기여하는 다른 요소들은 역전이(countertransference), 낮은 업무 만족도 및 삶의 기타 문제들이다(Figley & Ludick, 2017; Malinowski, 2014). 역전이는 치료사의 무의식적인 과거의 영향이나 현재 삶의 스트레스 요인에 의해 치료적 관계에서 유발되어 발생한다. 예를 들어, 아버지가 자살한 치료사는 노년의 자살 충동 환자에게 성공적인 치료를 방해하는 두려움과 슬픔으로 반응할 수 있다. 치료사가 과거 또는 현재의 삶과 같은 내적 요인을 내담자와의 작업에 가져올 때의 역전이 문제는 양 당사자에게 하나의 과제가 된다.

또한 외부 요인들도 심리상담사들이 직장에서 불만과 불쾌감을 느끼게 하거나 컴패션 피로 및 소진을 악화시키는 원인이 될 수 있다. 통제할 수 없는 사건들, 존중의 결여, 자신의 통제를 벗어나는 직무, 또는 고립과 지원 부족이 특징인 해로운 작업 환경 등 작업 관련 외부 요인으로 인해 치료사가 내담자와의 작업에서 겪을 수 있는 어려움은 복합적이 될 수 있다(Figley & Ludick, 2017; Malinowski, 2014). 재정적 어려움이나 주변을 돌보아야 하는 책임의 역할 변화 등 개인적인 스트레스 요인은 공감능력의 비축을 어렵게 할 수 있고, 또한 컴패션 피로를 악화시킬 수 있다(Figley & Ludick, 2017).

이차적 외상 스트레스와 컴패션 피로의 예방 및 치료

이러한 직업상 웰빙과 일을 오래 지속하는 것에 대한 어려움에도 불구하고, 최근의 연구에 따르면 이차적 외상 스트레스 또는 컴패션 피로의 발생이 반드시 필연적인 것은 아닌 것으로 나타났다

(Figley & Ludick, 2017; Malinowski, 2014; Newell et al., 2016; Turgoose & Maddox, 2017). 심리상담사로서 회복탄력성(resilient)을 유지하고 심지어 외상 내담자와의 작업에 대한 영향으로 외상 후 성장(Post Traumatic Growth: PTG)을 개발하는 것도 가능하다. 명칭에서 알 수 있듯이 외상 후 성장은 고난 후 삶의 새로운 의미를 발견하고, 자신을 회복탄력성 있고 유능한 존재로 바라보며, 미래에 대한 희망을 개발하고, 관계의 가치를 다르게 평가하는 긍정적인 상태이다 (Bartoskova, 2015; Forgeard, Mecklenburg, Lacasse, & Jayawickreme, 2014; McCormack & Adams, 2016; Železkov-Dorić, Hedrih, & Dorić, 2012). 직업적 소진보다 성장 개발에 기여하는 요소들에는 훌륭한 자기돌봄 습관 유지, 직업적 스트레스 요인으로부터의 분리감각 개발, 직업에 대한 긍정적 만족감, 사회적으로 지지하는 강력한 네트워크의 중요성 인식 등이 포함된다. 이러한 요소들은 이 책의 전반에 걸쳐 충분히 논의되어 이차적 외상 스트레스와 컴패션 피로를 예방 또는 개선하는 데 도움이 되는, 풍요로운 삶에 대한 포괄적인 기초를 제공한다.

많은 심리상담사가 일의 지속적인 스트레스 요인을 직면하면서도 따뜻한 컴패션을 갖고 돌보는 개인적 관계로부터 오는 지지가 회복탄력성의 주요인임을 인정했다(Železkov-Dorić et al., 2012). 이 책의 각 장은 긍정적인 감정, 공감, 낙관주의의 축적을 강화하는 한 가지 방법으로 다른 사람들과 삶의 풍요로움을 나누는 것이 중요하다는 것을 강조한다. 설문조사에서 전문 임상가들은 회복탄력성을 높이고 직업적 소진을 방지하는 특정한 요인들로서 경력 초반 단계에서 일관되고 긍정적인 멘토 및 동료와의 지지관계를 갖는 것, 경력 전반에 걸쳐 동료들의 지속적인 지원을 받는 것, 다양한 직업 역할(교사, 치료사, 연구원 등)을 갖는 것, 건강을 촉진시키는 업무 환경을 경험하는 것 등을 들었다. 다른 긍정적인 예방 요인으로는 개인적인 문제를 야기하는 직업적인 딜레마를 직접적·공개적으로 다루는 것, 높은 수준의 평생교육을 받는 것, 홀로 있는 것과 사회적 상호작용 사이의 균형을 유지하는 것, 다양한 재충전 활동과 예술 활동(Salzano, Lindemann, & Tronsky, 2013)에 투자하는 것, 자기성찰을 위한 시간을 만드는 것(Mullenbach & Skovholt, 2001)이 포함된다. 마지막으로, 마음챙김(mindfulness)의 전략은 눈에 띄는 예방 효과를 갖는다(Luken & Sammons, 2016; Turgoose & Maddox, 2017). 마음을 챙기는 '마이크로 자기돌봄 연습(micro self-care practices)'[4]은 하루의 기분을 좋게 하고, 지나친 감정적 반응을 줄이며, 마음과 몸에 대한 깨달음을 높일 수 있다(Bush, 2015, p. 5).

 ## 요약 및 결론

다른 사람들의 고통에 대한 장기적인 노출과 높은 수준의 공감 유지, 내담자의 복지와 성공에 대한 걱정은 심리상담사에게 대리외상, 이차적 외상 스트레스, 직업적 소진 및 컴패션 피로와 같은 상태를 악화시킬 수 있다. 낮은 업무 만족도, 지나친 업무량, 지원 부족 및 외상의 개인적 병력은 이러한 요인들을 복합화시키고 특정 전문가들에게 해로운 업무 관

---

4) 역자 주: 호흡, 자연감상, 차 마시기 등 하루 동안 매우 사소하게 할 수 있는 30초 동안의 자기돌봄을 의미한다.

련 중후군을 갖게 할 위험을 높게 만든다. 그러나 이러한 요소가 필연적으로 부정적인 상태로 이어지는 것은 아니다. 탁월한 자기돌봄 실행, 지지적 사회 시스템의 육성, 스트레스가 많은 상황에서 벗어나도록 유도하는 루틴 개발, 자신의 업무에 만족감을 길러 주는 것과 같이 심신을 약화시키는 중후군을 예방하거나 치료하기 위해 치료사 스스로 할 수 있는 많은 것이 있다. 이 모든 주제와 더 많은 것은 이후의 장들에서 탐구될 것이고, 풍요로운 삶과의 관계 또한 자세히 설명될 것이다.

나는 심리상담사가 겪는 위험과 같은 어두운 내용으로 책을 시작하는 것을 원치 않았으나, 책을 쓰는 도중 마음이 바뀌었다. 나는 이 경고사항 같은 구성을 통해 삶의 풍요로움이 가볍거나 과장된 것이 아니라 힘을 실어 주는 것으로 보이기를 원했다. 자기돌봄은 심리상담사들에게 필수적인 윤리적 의무이다. 삶을 풍요롭게 하는 맥락에서 자기돌봄을 실천하는 것이 제한된 시간 동안 해야 할 또 다른 짐으로 느껴지기보다는 당신의 삶과 웰빙을 위한 모든 영역을 향상시킬 수 있는, 유익한 도움을 주는 일련의 실천이 되기를 바란다.

 ## 미술로 해 보는 자기탐색

1. 종이를 반으로 나누어 한쪽에는 심리상담 관련 직업의 위험성과 함정을, 다른 쪽에는 그에 반해 성장 잠재력과 보상을 보여 주는 양면 콜라주를 만드세요.

2. 세 개의 자화상을 드로잉 혹은 페인팅하세요. 과거의 나(당신이 이 직업을 갖게 한 이유들을 고려해서), 지금의 나, 당신이 상상하는 가장 건강한 미래의 나를 그리세요.

자기성찰을 위한 질문

1. 현재 직업 환경에서 다른 사람들을 도우며 얻는 만족도에 대해 어떻게 생각하시나요? 개선해야 할 여지가 있나요? 그렇다면 어떤 영역에서 어떻게 변화시킬 수 있을까요?

2. 당신은 일상적인 현재의 업무를 감당할 수 있는 수준이라고 평가하나요? 감당할 수 없다고 느껴지는 날이 있나요? 직업에 대한 만족도나 감당 정도가 적당한 날은 그렇지 않은 날보다 많은가요?

3. 현재의 업무 상황에서 받는 개인적·전문적 지원의 수준을 적어 보세요. 당신의 위치에 대한 존중이 있나요? 당신의 업무 결과물은 가치를 인정받나요? 까다로운 업무 상황이나 내담자에 대해 편안하게 이야기할 동료, 멘토 및 감독자가 있나요?

4. 당신은 다른 사람들을 돕는 것을 방해할 수 있는 두려움, 슬픔 또는 분노의 원인이 되거나 이차적 외상 스트레스 및 컴패션 피로의 원인이 될 수 있는, 해결되지 않은 개인적인 트라우마 병력이 있나요? 그렇다면 지금 당신을 위한 개인상담을 시작하세요. 그리고 이 책의 풍요로운 삶을 위한 전략의 나머지 부분들을 함께 읽으면, 당신 삶의 전반적인 웰빙은 향상될 것입니다. 개인적인 트라우마(어떤 종류의 학대 또는 폭력)의 과거는 당신이 가능한 한 최고의 자신이 되기 위해 꼭 치료적으로 다루어져야 합니다.

자기돌봄을 넘어 풍요로운 삶으로

> 신의 영광은 충만한 삶을 살아가는 인간을 통해 드러난다.
>
> ― 성(聖) 이레니우스(St. Ireaneus, 180, p. 4)

풍요로운 삶의 이점

이 책은 당신을 평균화하거나 평범하게 만들려고 하는 것이 아니다. 이 책은 당신이 일반적·표준적 삶을 넘어서는 풍요로운 삶을 살 수 있다는 것을 알려 주기 위해 쓰였다. 평범한 것을 넘어선 곳으로부터 당신은 다른 사람을 도울 수 있는 큰 에너지와 자신감 그리고 영감을 얻을 수 있다. 풍요로운 삶을 살면서 당신은 자신이 하는 모든 것에 특별함을 느끼고 탁월함을 발휘하며 타인에게 최고의 삶을 영위하도록 영감과 동기를 부여하는 자신 있는 롤모델이 될 수 있다.

풍요로운 삶을 사는 사람들의 특징은 높은 수준의 행복, 낮은 수준의 스트레스와 불안이다. 그들은 개개인이 정한 수준의 신체 활력을 달성하고 유지하며 적극적으로 배우려는 호기심을 갖고 있다. 그들은 최상의 상태로 육체적·정신적·사회적·영적으로 건강하며 또한 활력이 있다. 이러한 다른 모든 형태의 건강함에 투자함으로써 개개인은 에너지를 더욱 많이 느끼고 주고받을 수 있는 큰 수용력을 갖고 삶에 접근한다. 공동체와 관계들로부터 주고받는 이러한 형태의 투자는 삶의 의미와 목적을 증가시킨다. 풍요로운 삶을 살아가는 건강한 사람들은 그들이 남들에게 줄 중요한 선물을 가지고 있다고 확신하며 세상을 치유하는 방식으로 그것을 전달한다.

풍요로운 삶을 사는 것은 타인을 잘 돌보는 사람이 되기 위한 필수적 요소인 깊은 샘물, 넓은 여백, 단단한 경계의 개발을 돕는다. 깊은 샘물은 심리적 자원, 육체의 활력, 영적인 영감으로 가득 차 있다. 이것들은 훌륭한 치료사가 되기 위해 필요한 깊이 있는 공감을 달성하는 데 중요한 토대가 된다. 넓은 여백은 영적인 훈련과 자기성찰을 위해 깨어 있는 시간을 갖게 하며, 단단한 경계는 개인을 위한 자기돌봄의 시간을 보호한다.

최상으로 건강한 사람의 삶은 중독과 같은 악순환이 아닌 '선순환(virtuous cycles)'으로 특징지을 수 있다. 악순환은 하나의 어려움이 처음보다 더 안 좋은 어려움을 야기하는 반복적인 일련의 행동으로 구성된다. 반대로 선순환은 순환의 연속적인 요소에서의 성취가 전반적인 성공과 행복을 촉진하게 되는 성장 사이클이다

(Niemiec, 2014). 좋은 행동 하나가 유리한 결과와 좋은 감정을 불러일으켜 다른 유익한 행동을 유발한다. 따라서 최상으로 건강한 사람은 건강이 좋지 않은 사람보다 좋은 습관은 더 많이, 나쁜 습관은 더 적게 갖고 있다. 이렇게 생활하며 의미, 목적 및 삶을 풍요롭게 하는 활동들로 가득 찬 삶을 사는, 최고로 건강한 사람들은 낮은 직업적 소진과 높은 자기 직업 만족도를 보여 준다(Puig et al., 2012). 인도의 철학자 오쇼(Osho, 2002)는 "당신이 손에 쥐고 있는 유일한 것은 당신의 인생뿐입니다. 최대한 풍요로운 인생을 사세요."(p. 14)라고 충고한다.

풍요로운 삶을 살 때, 사람들은 많은 육체적·정신적·영적 채널로부터 자극 입력(stimulating input)을 받는다. 나는 사람들이 신이 의도한 모든 방법을 통해서 세상으로부터 정보를 받고 있다고 상상한다. 2000년 전에 살았던 성 이레니우스는 이 장 시작 부분의 인용문에서 "신의 영광은 충만한 삶을 살아가는 인간을 통해 드러난다."라고 이야기했다. 우리는 신이 의도한 능력들 모두를 사용할 때 충만하게 살아 있을 수 있으며, 그것은 영광스러운 일이다.

풍요로운 삶을 사는 것은 최상의 건강을 증진하고 유지하는 한 방법이다. 사람들이 풍성한 삶을 살 때, 그들은 다양한 종류의 경험에 의해 자극받고, 생기를 얻으며, 만족하게 된다. 이러한 사려 깊은 입력 및 자극의 풍부함은 사람들이 한 가지 방식으로만 자신이나 세계를 인식하며 갇히게 될 가능성을 줄이기 때문에 다른 사람들, 문제들 및 기회들에 대한 접근 방식에 융통성 있게 적용할 가능성을 높일 수 있다. 열린 태도는 우리를 더 많은 삶의 풍요로움으로 이끈다. 또한 풍요로운 삶을 사는 것은 우리 사회를 괴롭히는 만연된 스트레스에 대한 해독제가 될 수 있다.

미국심리학회(American Psychological Association: APA)의 연례 조사에 따르면, 미국인의 3분의 2는 자신의 미래, 재정 또는 일에 대한 스트레스를 받고 있다(APA, 2017). 이 조사에 따르면, 이전보다더 많은 사람이 두통, 우울증, 불안 등 육체적 또는 정서적 스트레스 증상을 보였다. 설문조사 참가자들은 운동을 하거나, 음악을 듣거나, 명상에 참여하는 등의 많은 긍정적인 대처 방법이 좋다고 인정하였다. 그러나 대다수의 사람(56%)은 현재 자신의 삶에서 스트레스를 다루기 위해 더 많은 방법과 노력을 기울일 의향이 있었다(APA, 2017). 또한 많은 사람은 스트레스에 직면했을 때 과식이나 음주와 같은 부적절한 대처 메커니즘을 사용하며, 그중 일부는 중독에 빠진다(APA, 2017; Holton, Barry, & Chaney, 2016).

중독에 대한 흥미로운 일련의 실험에서 브루스 알렉산더(Bruce Alexander) 박사와 동료들은 1980년대 초 만연하던 '헤로인은 단순한 노출만으로도 중독이 될 수 있다'는 믿음에 도전했다. 일반적인 실험에서 실험용 쥐는 보통의 철사 우리에 아편이 섞인 물, 순수한 물과 함께 넣어진다. 대다수는 평범한 물은 무시한 채 마약이 섞인 물에 중독되어 죽음에 이를 때까지 이 물을 마시게 된다. 그러나 이 결과는 알렉산더 박사에게 의문을 던져 주었다. 성찰해 보건대, 만약 자신이 지루한 철사 우리 안의 쥐라면, 그도 똑같이 중독이 될 것이라 여겨졌다. 전혀 흥미롭지 않은 환경에서 할 일이라곤 딱히 아무것도 없지 않은가? 그러나 그는 만약 쥐들이 풍요로운 환경에서 살게 된다면 마약이 섞인 물을 선택하지 않을 것이라는 가설을 세웠다. 알렉산더 박사와 동료들은 쥐들에게 탐험할 수 있는 구조물들, 놀 수 있는 장난감, 상호작용할 수 있는 다른 쥐들과 함께 대형 우리, 소위 '쥐 공원(Rat Park)'의 환경을 조성해 주었고, 또 다른 집단의 쥐들은 기존처럼 철조망 우리에 단지 아편 물과 일반 물만 함께 넣어졌다.

연구팀은 이 일련의 실험을 통해 '우리 안을 바꿀' 기회를 갖고 '쥐 공원'에서 풍요로운 삶을 사는 대다수의 쥐는 중독되지 않았음을 보여 주었다(Alexander, 2010). 다른 연구자들도 중독 성향의 감소에 미치는 풍요로운 환경의 긍정적인 효과를 더욱 입증하기 위해 비슷한 연구를 실행했다(Deehan, Palmatier, Cain, & Kiefer, 2011; Galaj, Manuszak, & Ranaldi, 2016). 나아가 풍요로운 환경에 단기간 노출되는 경우조차도 뇌와 신체의 스트레스는 감소되는 효과가 있다. 이것이 우리가 휴가 뒤에 기분 전환과 활기를 되찾게 되는 이유이다(Ashokan, Hegde, & Mitra, 2016). 풍요로운 삶의 장기적인 이득은 휴가의 단기적인 영향보다 훨씬 더 오래 지속된다.

이 책의 전제는 단기적으로나 장기적으로나 풍요로운 삶을 사는 것이 모든 사람이 살아가는 탁월한 방법이라는 것이다. 풍요로운 삶을 사는 것은 긍정적인 감정과 공감의 깊은 샘물을 채워 사람들을 서로 더 온정을 베푸는 공동체 구성원으로 만들 수 있다. 또한 풍요로운 삶은 의미 있는 방식으로 다른 사람들을 돕기 위한 더 큰 개방성을 창출하고, 나아가 진심 어린 관용성을 촉진시키며 심리건강 관련 임상가의 소진이 악화되지 않도록 보호한다.

최상의 건강의 정의

나에게 최상의 건강은 육체적 · 정신적 · 사회적 · 영적 웰빙이 조화된 삶을 뜻한다. 나는 라이프스타일 의학(lifestyle medicine) 프로그램의 경력 및 연구를 통해 최상의 건강 상태에 있는 사람들은 모두 튼튼한 육체적 건강, 활기찬 사회적 관계, 활발한 직장 생활, 영적으로 충만한 삶을 누리고 있다는 것을 발견했다. 튼튼한 신체적 건강은 사람들이 강하고 유능하며 힘과 능력의 연령 기대치를 넘어설 수도 있음을 의미한다. 튼튼하고 건강한 사람들은 민첩하고 유연하며 면역 기능이 뛰어나다. 사회적 관계에 참여한다는 것은 타인에게 관심을 기울이고 개방적이며 공통 관심사와 가치를 공유하고 지적인 자극을 제공하는 친밀한 가족과 친구 집단이 있다는 것을 의미한다. 최상의 건강을 유지하는 사람에게는 하루 중 언제든지 전화하여 도움과 지지를 받을 수 있는 친구나 가족이 있다. 또한 그들은 친한 친구 집단과 그들의 육체적 · 지적 · 영적 성장을 돕는 더 큰 집단을 가지고 있다. 최상의 건강 상태에 있는 사람들이 살고 있는 공동체는 그들의 육체적 안녕을 지지한다.

최상의 건강 상태에 있는 사람들은 활발하게 자신의 직업에 임한다. 그들은 열정을 가지고 자신의 일을 무기력하기보다는 활기차게 느껴지도록 만든다. 활력을 주는 직업을 가진 사람들은 자신의 일을 '직업을 수행'하거나 '경력을 쌓는' 것을 넘어서 소명을 받은 것으로 생각한다(Kelley & Kelley, 2013; Smith, 2016). 그들의 일상 업무는 지식의 한계를 넓히고 끊임없는 혁신과 개선을 추구한다. 동시에 최고의 결과를 얻기 위해 업무상의 문제들에 도전하여 해결하며 종종 '몰입(flow)' 상태를 유지한다(Csikszentmihalyi, 2008). 긍정적인 자극을 주는 직장 생활을 하는 사람들은 그들의 고유한 강점과 능력이 높이 활용되고 평가된다고 느낀다. 그들은 자신의 일을 통해 성장한다. 그들은 자신을 위한 확실한 목표를 세우고 목표 달성을 위한 다양한 문제 해결 전략을 시도한다. 그들은 문제 해결 전략을 평가하고, 필요하다면 수정을 거듭하여 가장 효과적인 전략을 구현해 낸다. 도전을 받는 상황에서도 그들은 자신의 업무에 완전히 빠져든 상태인 몰입을 느낄 수 있다. 그들은 일을 잘 수행하면서 더욱 유능하게 되고, 능숙해지며, 만족하게 된다(Csikszentmihalyi, 2008).

마지막으로, 최상의 건강 상태에 있는 사람들은 삶에 목적과 의미를 주는 활동적이며 성장하는 영적 삶을 누리고 있다. 강한 영적 감각은 삶을 의미로써 더욱 풍요롭게 하고 웰빙을 촉진한다. 나에게 '영성(spirituality)'은 라틴어 respire나 '숨 쉬기(to breathe)'에서 유래하는 넓은 영적 정의를 의미한다. 최상의 건강을 누리는 사람들은 그들의 삶이 그들에게 생명을 불어넣은 힘에 의해 인도된다고 느낀다(Hinz, 2006). 그들은 자신의 삶에 영향을 미치는 그들 자신보다 더 큰 목적의식을 가지고 살고 있다. 그리고 그것은 상투적이지 않은 활동들을 위한 에너지의 분출과 함께 일상생활에 활력을 불어넣는다. 목적을 따라 사는 것은 삶에 단순히 삶을 살아가는 것 이상의 의미를 부여한다. 활발한 영적 삶을 사는 사람들은 타인을 돕는 소명을 받았다고 느끼지만 자신들의 건강을 희생하지는 않는다.

요약 및 결론

이 책의 목적은 독자들이 풍요로운 삶을 통한 웰빙 라이프와 어떻게 그 것이 스트레스, 불안 및 기타 부정적인 컨디션으로의 이행을 방지하는지를 폭넓게 이해하게 하는 것이다. 삶을 풍요롭게 한다는 것은 사람들이 삶이 제공하는 모든 방식으로 세상으로부터 육체적·정신적·사회적·영적 경험을 얻는 것을 의미한다. 사람들이 풍부하고 깊은 삶의 선물들에 감사하고 그것들을 개발할 때, 그들은 최상의 건강을 누리는 최고의 심리상담사가 될 수 있을 것이다. 나는 이 책이 꾸준한 자기성찰과 자기돌봄을 위한 노력을 촉진시키기를 희망한다. 이 책은 친구, 가족 및 내담자들과 함께 나눌 수 있는 실용적인 제안으로 가득 차 있다.

제1장에서 설명했듯이, 내가 자기돌봄에 대해 발표할 때마다 청중 사이에는 자신의 생각과 행동이 '이기적'이 되지는 않을까 하는 두려움의 기류가 흐른다. 그러나 나는 반대로 우리가 자신을 돌보지 않는 것이 오히려 이기적이라고 여겨진다. 심리상담사들이 지속적으로 다른 사람들을 돌보는 데 자신의 웰빙 라이프를 희생하게 된다면, 분노는 점점 커지고 결국은 너그러움이 아닌 마지못한 억지스러움으로 남을 대하게 될 것이다. 분노가 쌓인다는 것은 충족되지 않은 욕구가 상담자와 내담자 사이의 상호작용의 배경에 있고 분노가 전경으로 스며 나오는 것을 의미한다. 이기적이라고 느끼지 않으려 노력할 때, 한계를 정해 놓지 않은 치료사는 자신의 충족되지 않은 욕구의 포로가 될 수 있다. 이러한 욕구들은 부지불식간에 치료사와 내담자 간의 상호작용들에 영향을 미친다.

나는 뛰어난 심리상담사의 기반은 꾸준한 주의를 기울여 자신의 욕구를 충족시키는, 깊고 풍요로운 삶을 사는 것에서 출발한다고 주장한다. 자신의 욕구를 절묘하게 충족시키면 최상의 건강은 자연스레 얻어진다.

이런 유리한 관점으로부터, 심리건강 관련 임상가들은 자신의 능력뿐만 아니라 삶이 내담자가 모방할 수 있는 본보기로서의 역할을 할 수 있음을 자신하게 된다. 훌륭한 돌봄 제공자(caretaker)가 되기 위해 필수적인 요소는 심리적 자원, 신체적 활력 및 영적 영감의 깊은 샘물, 진지한 자기성찰을 위한 넓은 여백, 효과적인 자기계발을 위한 시간을 확보하는 단단한 경계와 같은 풍요로운 삶의 결과물들이다. 이러한 모든 요소를 개발하고 풍요로운 삶의 맥락에서 번창하도록 하기 위해서는 자기돌봄이 자기 마음대로 하는 것을 의미하지는 않는다는 것을 꼭 알아야 한다. 그것은 다른 사람들을 대하는 것처럼 자신을 대하는 것이다. 우선순위 목록에 자신과 자신의 요구사항들을 적으라(목록의 맨 위에 적어도 좋다). 기억하자. 자기돌봄은 이기적인 것이 아니라 자기보호(self-preservation)라는 것을.

 미술을 통한 성찰을 위한 제안

1. 자신만의 '쥐 공원'을 그려 보세요. 당신의 이상적인 환경은 최상의 자극과 풍요로움을 주기 위하여 무엇을 포함하고 있을까요?

2. 깊은 샘물, 넓은 여백 또는 단단한 경계의 이미지를 만드세요. 당신이 최고의 심리상담사가 되는 데 도움을 줄 수 있다고 믿는 방법들의 이미지도 포함시켜 보세요.

자기성찰을 위한 질문

1. 자기돌봄에 대한 당신의 입장과 치료사로서 자기돌봄의 중요성은 무엇인가요?

2. 당신은 어떤 종류의 자기돌봄 활동을 정기적으로 하고 있나요?

3. 풍요로운 삶을 위해 당신이 이미 하고 있는 자기돌봄 활동에 대해 어떻게 감사할 수 있을까요? 당신의 활동들은 풍요로운 삶을 위해 어떤 방식으로 바뀌어야 할까요?

풍요로운 삶의 모델

이 삶을 어떻게 자연스럽게 잘 살 수 있는지에 관한 것만큼
알기 어려운 지식도 없다.

– 미셸 드 몽테뉴(Michel de Montaigne, 1999, p. 193)

풍요로운 삶의 모델(Life Enrichment Model: 이하 LEM)은 어떻게 두뇌와 신체가 삶의 다양한 경험을 포괄하고 그것에 영향을 받는지를 아우르는 인간 기능의 재현이다. 그로부터 LEM은 풍요로운 삶을 구상하는 이론적 구조를 제공할 수 있다. LEM은 미술치료의 이론적 구조인 표현치료연속체(Expressive Therapies Continuum: 이하 ETC)의 확장된 모델이다. ETC는 본래 인간의 두뇌가 다양한 미술 매체 및 프로세스와의 상호작용에서 정보들을 수집하고 처리하는 방법을 설명하기 위해 고안되었다. ETC는 다양한 형태의 예술적 매체와 교육이 심리적 치료 효과를 갖는 방식과 이유를 설명하

는 이론이다(Kagin & Lusebrink, 1978; Lusebrink, 1990, 2014). 이 이론은 모든 표현예술(expressive arts)이 치료 효과를 가질 수 있는 다양한 방법을 설명하는 시스템 접근법(systems approach)[1]으로 확장되었다(Lusebrink, 1991). 이 책은 일상생활 전반의 경험에 걸친 ETC의 확장과 적용에 관해 서술하고 있다. 나는 사람들이 삶을 풍요롭게 할 수 있는 방법을 개념화하는 데 효과적인 이론의 출발점으로 ETC 모델을 사용했으며, 그 결과물로서의 LEM은 [그림 3-1]과 같다.

LEM은 사람들이 최상의 건강한 일상을 찾도록 도우며 치료사들의 탄력성과 전문가로서의 성장에 도움을 준다. 개인 생활과 사회생활, 여가와 직업 사이의 만족스러운 균형을 이루도록 하는 풍요

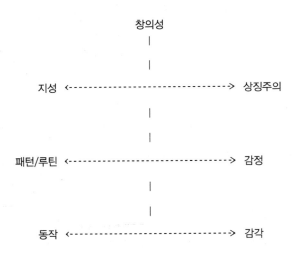

[그림 3-1] 풍요로운 삶의 모델(LEM): 최상의 건강으로 향하는 길

---

1) 역자 주: 서로 연계되어 있는 시스템 내 요소들의 상호작용을 이론적으로 도출해 내려는 것

로운 삶을 개념화하고 실천적으로 창안해 내는 방법 또한 알려 준다. ETC와 마찬가지로, LEM은 인간이 정보를 처리하기 위해 세상과 상호작용하는 방식에 관한 뇌의 구조적인 다이어그램으로 볼 수 있다. 이 다이어그램은 단순한 것에서부터 복잡한 것, 그리고 뇌의 왼쪽과 오른쪽 반구 기능뿐만 아니라 다양한 수준에서의 뇌 기능들을 보여 준다(Lusebrink, 2004, 2010, 2014). [그림 3-1]은 LEM 구조의 맨 위에 있는 정보 처리의 가장 정교한 형태인 지성과 상징의 수준부터 밑바닥에 있는 기초적인 동작과 감각 기능까지를 보여 준다.

동작과 감각

사람들이 세계로부터 받는 정보들의 처리는 ETC의 동적/감각적(Kinesthetic/Sensory) 수준에서 시작된다. 이 수준의 뇌 활동은 파충류의 뇌로 불리기도 한다(MacLean, 1985). 소뇌, 기저핵, 일차 운동 피질, 감각 운동 피질과 같은 구조는 진화적으로 가장 오래된 뇌의 구조를 나타낸다. 많은 경우, 우리는 행동하면서 의식적으로 생각하지 않는다. 인간은 걸으면서 '왼발을 내디뎠으니, 이제 오른발을 내디뎌야지.'라고 생각하지 않는다. 감각적인 경험을 중재하기 위한 행동을 자동적으로 시작할 때 우리는 의식적인 사고를 할 필요가 없다. 만약 내가 뜨거운 스토브에 손을 대었을 때 의식적으로 '스토브가 뜨거우니 손을 빨리 떼야겠다.'라고 생각하게 된다면, 감각 자극을 처리하는 몇 초의 시간 동안 내 불쌍한 손은 3도 화상을 입고 말 것이다. 그 대신 우리는 경험한 것을 바탕으로 즉각적으로 반응한다. 감각이 행동을 지배하는 것이다. 모든 종(種)이 상대적으로 느리며 신중한 의식이나 생각 없이 유해하거나 위험한 자극에 반응하고 걷기와 같은 자동 행동을 수행하는 것은 환경에 대한 적응과 생존을 위해서이다. 동작과 감각 정보 처리와 연루된 의식적 사고의 부재는 파충류 뇌의 특징을 말해 준다.

ETC의 동적/감각적 수준은 가장 오래된 뇌의 구조와 유사하며 발달 초기 단계에서 인간이 정보를 처리하는 가장 기초적인 방식을 나타낸다. 이것은 유아와 아동이 정보를 수집, 처리 및 표현하는 방식이다(Piaget, 2000). 유아는 무작위적으로 여러 종류의 자극을 유발하는 다양한 운동을 한다. 아이가 나이가 조금씩 들어 갈수록 기분 좋은 감각 자극과 그에 관련된 동작을 의도적으로 추구하며, 불쾌한 감각과 관련된 것은 회피하게 된다. 이 초보적 학습은 운동과 감각을 통해 이루어진다. 모든 사람은 신체적 환경에 적응하거나 새로운 신체적 기술을 습득할 때 정기적인 감각 운동 학습(sensorimotor learning)을 해야만 한다(Wolpert, Diedrichsen, & Flanagan, 2011). 그러나 감각 운동 학습은 의식적인 생각 없이 주로 사용되기 때문에 종종 과소평가된다.

LEM의 동작/감각 수준은 아마도 21세기 서구 사회에서 가장 소홀히 여겨진 정보 처리 및 경험의 영역일 것이다. 실제로 사람들은 오히려 신체 감각이 주는 지혜를 무시하는 것을 배우곤 한다. 사람들은 고통을 무시하라는 말을 종종 하며 "아픔 없이는 얻는 것도 없다(No Pains, No gains)."라는 속담처럼 고통스러운 육체적 감각을 극복하여 더 뛰어난 육체를 위해 훈련하는 것을 격려하곤 한다.

그러나 우리는 통증이 있음에도 불구하고 운동을 계속하면 근육이나 관절이 손상을 입을 가능성이 많아짐을 또한 알고 있다. 많은 사람은 운동과 레크리에이션을 통해 의도적인 신체 활동에 참여하기도 하지만, 주로 앉아만 있는 업무 뒤, 귀가 후에도 신체의 요구와 감각을 무시한 채 단지 '긴장을 풀기 위해' 또다시 앉아 있는다. 몸의 감각과 신호를 피하는 경향은 과로와 소진(burnout)을 불러올 수 있다. 이 책의 제4장과 제5장에서는 삶의 동작과 감각의 즐거움을 증가시키는 다양한 방법에 대해 언급할 것이다.

관능(sensuality)은 주위의 아름다운 광경을 보고 즐거움을 만끽하거나 촉감의 감각적인 측면을 호화롭게 하며, 사치스러운 맛과 향을 맛보고 자신이 즐기는 소리뿐만 아니라 침묵도 느끼게 하면서 삶을 풍요롭게 한다. 규칙적인 신체 운동은 풍요로운 삶의 매우 중요한 부분이다. 규칙적인 신체 운동은 스트레스를 줄여 주고, 체중을 유지시키며, 수면을 개선하고, 긴장 완화와 주의력, 인지 기능과 기분을 향상시킨다. 감각과 동작은 긍정적인 심리적 자원, 몸의 활력 및 영성의 깊은 샘물을 위한 신체적 기반으로 정신적·육체적 피로에 도움이 될 뿐만 아니라 평범한 것을 벗어나도록 삶의 질을 끌어올린다.

루틴과 감정

제6장에서는 변연계 또는 포유동물의 뇌(MacLean, 1985) 구조로 대표되는 조금 더 세련된 단계의 뇌 기능에 대해 이야기한다. 뇌의

변연 구조는 포유동물에게 유사점과 불일치에 대한 패턴을 분석하고 해당 패턴에 호응하는 정서적 지표로 대응할 수 있는 능력을 부여한다. 유사한 패턴은 현상의 유지를 확인한다. 주변 환경들이 만족스러운 상황일 때 별다른 감정 신호가 생성되지 않는다. 패턴 불일치—선, 모양, 색상 및 패턴의 차이—는 배경에서 전경으로 눈에 띄는 새로운 구조를 만드는 원인이 된다. 예기치 못한 부조화는 감정 신호를 이끌어 낸다. 나아가 동물이나 사람이 루틴을 깬다거나 예기치 않게 행동하면 예상되거나 패턴화된 행동의 변화로 인해 주변의 구성원에게 경고 또는 불편함이 발생한다. 목격자가 이 낯선 것에 반응할 때의 압박은 새로운 형태의 행동을 촉발하게 한다. 그러므로 대뇌 변연계(limbic system, 大腦 邊緣系)는 환경으로부터의 긴급한 메시지와 환경에서의 행동 사이의 중개자 역할을 한다.

여섯 가지 기본 감정(분노, 슬픔, 공포, 행복, 흥미/놀라움, 혐오)은 잠재적으로 생명을 보호하는 위협이나 기회의 신호로 작용한다(Ekman, 2007). 가장 일반적으로 논의되는 정서적 신호의 예는 공포이다. 공포는 환경에 위협이 존재한다는 신호이다. 그것은 동물이나 사람에게 생명을 구하기 위해 얼어붙음, 도망침, 싸움 또는 기절하라는 신호를 보낸다(Bracha, 2004; Ekman, 2007). 다른 다섯 가지 기본 감정도 비슷한 방식으로 작용하는데, 위협이나 기회가 있음을 암시하며 생명을 보존하기 위한 행동을 촉진한다. 현대 서구 사회에서 대부분 사람들의 육체적 안전이 항상 위협받고 있지는 않지만, 우리는 환경 패턴을 분석하고 편안한 루틴을 개발하며 감정 신호를 보내고 받는 능력을 여전히 유지하고 있다.

감정들은 진화론적으로 우리에게 저장되어 온 위협이나 기회의 지표인 것으로 널리 알려져 있으며, 한때 우리의 생존능력에 중요한 역할을 했다. 모든 문화권의 사람들 안에 감정은 '강하게 연결'되어 있으며, 유아기부터 특정 표정으로 식별할 수 있다. 그러나 새로운 연구에 의하면, 개인적으로나 문화적으로나 학습하는 것이 이전에 생각해 온 것보다 훨씬 더 많이 감정의 인식에 영향을 미칠 수 있다(Feldman Barrett, 2017). 풍요로운 삶을 사는 것의 한 모습은 감정적인 신호에 대해 자동으로 반응하기보다는 우리가 원하고 의도하는 대로 반응하는 것을 배우는 것이다. 이 책의 제6장과 제7장에서는 이 수준의 정보 처리가 어떻게 인간관계를 유지하는 데 도움이 되는지에 초점을 맞춘다.

지성과 상징주의

대뇌 피질(cerebral cortex) 혹은 '인간의 두뇌(human brain)'는 뇌의 마지막 층으로, 인간에게만 가능한, 가장 정교한 형태의 정보 처리가 이루어지는 장소이다(MacLean, 1985). 이 복잡한 사고는 뇌의 좌반구에서 일어나며 노력이 필요하고 순차적이며 논리적인, 언어 기반의 처리 과정으로 특징지어진다. 대뇌 피질, 특히 전두엽 피질(prefrontal cortex)의 정교한 기능은 인과관계의 사고, 계획 및 만족 지연(delayed gratification)[2]을 돕는다. 이러한 유형의 사고는 인간에게만 유일한 것이며, 사람들이 행동 과정을 계획하고 의사

---

2) 역자 주: 원하는 것의 만족을 위해 인내하는 능력

결정의 잠재적 결과들을 통해 행동을 실행하게 하고 신중하게 배운 새로운 것으로 삶에 풍요로움을 더하게 한다. 이러한 사고방식은 정신적, 시·공간적, 영적 및 직관적이 되기 쉬운 뇌의 우반구 처리 과정과 대조된다. 이 복잡한 우뇌 영향의 사고는 예술, 은유, 의식(儀式)을 통한 삶의 풍요로움을 가능하게 한다.[3] 제8장과 제9장은 두 가지 유형의 정교한 인지 과정을 통해 삶을 풍성하게 하는 방법에 대해 다룬다.

창의성

ETC와 마찬가지로 LEM의 창의적 수준은 '모든 것을 종합하는 것(putting it all together)'과 인간의 자기실현 경향을 강조한다(Lusebrink, 1990). 창의적 활동에 몰두하는 것에는 많은 뇌 구조의 조화로운 활성화가 요구된다. LEM에서 나는 이 창의적 기능의 정의를 많은 심리학자가 사용하는 창의성의 정의—사물과 아이디어를 새롭고 유용하게 결합하는 방법—와 결합하고자 한다(Runco & Jaeger, 2012). 창의성에 대한 이 정의는 포괄적이며, 모든 사람은 각자 다른 방식으로 창의적이라는 사실을 강조한다. 모든 사람은 그들의 '일상의 창의성(everyday creativity)'을 강화하도록 격려되어야 한다(Richards, 2014). 창의적인 삶은 개인의 성장을 향상시키고,

---

3) 역자 주: 우뇌 영향의 사고는 세상을 바라보는 다른 시각을 제공한다. 의식은 종교, 사회, 문화에 따라 여러 양식이 있다. 예를 들면, 악수도 친근함과 무장해제를 뜻하는 하나의 상징이자 사회적 의식이다.

사람들에게 자신의 수동성을 뛰어넘어 최고의 자아를 표현하도록 독려하기 때문이다(Richards, 2014). 제10장은 일상의 창의성에 대한 탐험과 축복을 권장한다. 우리가 삶의 모든 창의적인 가능성들을 사랑할 때 진정 풍성한 삶을 살 수 있다.

LEM은 뇌와 신체가 정보를 받아들여 처리하고 표현하는 다양한 방식을 일목요연하게 요약하는 것에 도움이 될 수 있고, 풍요로운 삶을 위한 구조를 제공하는 것에도 도움이 될 수 있다. 우리의 삶이 더욱 풍요로워질수록 역동적인 균형과 최상의 건강을 유지할 가능성도 커지는 것이다. 일상생활에서 LEM의 모든 구성요소에 관한 활동들을 하나하나 수행해야 한다는 압박감이 없어야 함을 기억하는 것은 중요하다. 풍요로운 삶을 사는 것이 또 다른 스트레스의 원인이나 부담스러운 의무가 되어서는 안 된다. 몇 주의 기간 동안 뇌의 다양한 구성요소 간에 유연하게 변화하는 균형이 지속되는 한, 삶은 최고로 풍요로워질 수 있다.

삶의 균형은 달성되면 잊히는, 고정되어 있는 마지막 결승점이 아니다. 나는 삶의 요소들은 끊임없이 움직이며 좋은 균형은 매주 달라 보일 수 있다는 사실을 강조하기 위해 역동적 균형(dynamic balance)이라는 용어를 사용해 왔다. 최상으로 기능하는 사람은 LEM 세계 안 구성요소 간의 응답 방식 사이를 쉽게 적용하며 이동할 수 있다. 나아가 LEM의 구성요소들은 풍요로운 삶을 위한 노력들을 정리하여 신중한 행동을 위한 도약대를 제공할 수 있다. 균형 잡힌 사람은 모든 LEM의 구성요소를 사용하여 정보를 수집하고 처리할 수 있으며, 바람직한 삶의 풍요로움에 열중할 각양각색의 다양한 경험을 적극적으로 찾는다.

사려 깊은 풍요로움

목적을 가지고 의도적으로 풍요롭게 사는 삶과 다양한 활동으로 꽉 찬 삶 사이에는 차이가 있다. 지나친 일정으로 자신을 속박하는 사람들은 대개 잠시 멈추고 돌아볼 시간을 만들지 않고, 그들이 하는 모든 일이 삶을 풍요롭게 하는 효과에 주목할 시간을 갖지 않는다. 그들은 바쁘고 과중한 부담에 쫓기고 있다. 그러나 대부분의 사람은 이미 자신의 삶을 풍요롭게 하는 자기돌봄 활동에 어느 정도 참여하고 있으므로, 첫 단계는 이미 자신을 돌보기 위해 하고 있는 것들을 깨닫고 감사하는 것이다. 다음으로는 이러한 활동이 어떻게 작용하는지 냉정하게 평가해 보는 것이 중요하다.

[그림 3-2]에 제공된 원을 템플릿으로 사용하여 당신이 삶의 풍요로움의 다양한 영역에서 어떻게 자기를 돌보고 있는지 파악할 수 있다. 원은 여섯 개의 동일한 크기로 나뉘며, 각각은 LEM의 한 측면을 나타낸다. 지금 생각나는 대로 영역을 색칠하거나 (잡지에서 자르거나 그린 상징들로) 장식하여 매주 각 영역에 얼마나 많은 시간을 소비하는지를 나타낼 수 있다. 다 만들었으면 나중에 다시 한번 살펴보도록 책의 앞부분에 끼워 넣자.

이 평가를 마친 후에는 이 장의 마지막에 있는 질문을 사용하여 자신을 돌보기 위해 실제로 노력해 온 것들을 성찰하고, 효과가 있었던 것들에 감사하며, 더 이상 효과가 없는 것들은 그만두는 것을 생각해 보자. 그다음에 균형을 맞추어야 할 영역을 목적과 의도를 가지고 보완하려고 시도해야 한다. 이 책의 목적은 당신의 인생

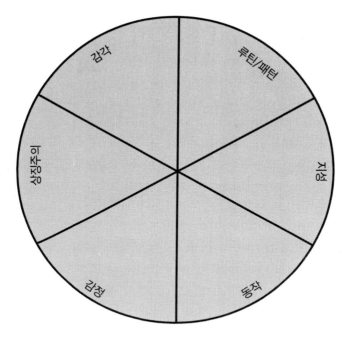

[그림 3-2] LEM 원 평가

에 또 다른 규칙이나 '해야 할 일의 목록(to do list)'을 추가하는 것이 아니다. 오히려 당신이 자기돌봄 사례의 목록을 작성하고 가능한 활동들에 대한 정보를 추가하고 정보가 처리되고 표현되는 모든 방식의 균형이 최상의 건강이라는 것을 이해하도록 돕는 것이 목적이다. 이 책은 당신이 자신의 삶을 찬찬히 살펴보고, 무시되거나 때로는 방치된 영역을 의도적으로 향상시키는 데 도움이 될 것이다.

역동적 균형

LEM의 각 단계에 있는 두 가지 구성요소 사이에는 ETC(Kagin & Lusebrink, 1978; Lusebrink, 1990) 각 단계의 반대 극 사이에 존재하는 것과 동일한 양방향적(bidirectional) 관계가 존재한다. 즉, 모델의 한쪽 측면(동작/감각, 패턴/감정, 지성/상징주의)에 대한 활동이 증가함에 따라 같은 수준의 다른 쪽에서 담당하는 능력이 감소하게 된다. 이것은 긍정적인 것도, 부정적인 것도 아니다. 이것은 단지 당신이 자기돌봄 실행을 개선할 때 알아차리는 것이다. 이 요소들은 서로 영향을 주고, 고정된 것이 아니며, 때로는 조화롭게 결합하여 최상으로 작용한다. 예를 들어, 첫 번째 단계에서는 신체 활동이 활발해지면 미세한 감각을 감지하는 능력이 감소한다. 두 번째 단계에서는 패턴과 일상적인 루틴에 대한 집중은 감정적인 반응을 줄이는 하나의 방법이 된다. 마지막으로 세 번째 단계에서는 좌반구 프로세스에 관련된 집중은 직관적 통찰력의 가능성을 감소시킨다. 일반적으로 구성요소 간의 끊임없이 변화하는 균형이 추구되어야 하므로 응답 방식 간에 유동적으로 이동할 수 있는 능력이 필요하다는 것은 명백하다. 이 책의 마지막 장들은 어떻게 이 관계에 대한 지식을 이용하여 최상의 풍요로운 삶을 제공하기 위한 경험을 의도적으로 선택하는지를 보여 줄 것이다.

📖 요약 및 결론

풍요로운 삶의 모델(이하 LEM)은 표현치료연속체(이하 ETC)와 어떻게 ETC가 미술활동의 치유적 측면을 설명할 수 있는가에 대한 나의 꾸준한 연구와 헌신으로 생겨나 발전하였다. LEM은 미술을 넘어서 일상의 활동과 삶의 경험에 이르기까지의 풍요로운 삶을 개념화하고 객관적으로 창조할 수 있는 구조를 제공한다. 이 모델은 뇌와 신체가 육체적·감정적·지적으로 정보를 처리하는 다양한 방법을 고려하여 설명하고 있으며, 따라서 풍요로운 삶을 평가하고 필요한 경우 이를 수정하는 방법을 제공한다.

이 장에서는 다양한 LEM 구성요소가 서로 연계하여 작동하며 구성요소 간의 균형은 고정적인 것이 아닌 유연한 것이라는 것을 강조했다. 실제로 만일 풍요로운 삶을 위한 노력이 너무 고정된다면, 그것들의 효과는 쉽게 사라지게 된다. 많은 사람이 그 힘을 유지하기 위해서는 자기돌봄의 방식들이 다양하고 많아야 한다는 것을 잊곤 한다. LEM은 계획된 풍요로움이 당신을 자기돌봄을 넘어서는 최상의 강건한 삶으로 이끌 것이라 제안한다. 이 책의 나머지 부분에서는 LEM의 구성요소를 자세히 검토하고 풍요로움을 위한 실천적인 제안들을 제공한다.

자기성찰을 위한 질문

1. 당신이 만들고 색칠한 동그라미는 당신이 현재 이해한 것처럼 균형 잡히고 풍요로운 삶을 반영하고 있나요?

2. LEM의 어떤 영역에서 당신은 풍요로운 삶을 살고 있다고 자신하나요?

3. 당신의 삶을 풍요롭게 한다고 생각했지만 더 성찰해 보니 더 이상은 그렇게 보이지 않는 관행들이 당신의 삶에 포함되어 있나요?

4. LEM의 어떤 영역을 개발하거나 보완해야 할까요?

감각을 통한 풍요로운 삶

진정한 침묵이란 마음을 쉬게 하는 것이며,
잠이 몸에게 주는 것과 같이 영혼에게 영양분과 상쾌함을 준다.

– 윌리엄 펜(William Penn, 1726, p. 899)

감각에 대해 쓸 때, 나는 감각기관의 자극으로 인해 신체가 겪는 특정 감정이나 효과에 대한 인식을 언급한다. 오감을 사용하여 삶을 풍요롭게 하는 것에는 여러 가지 방법이 있다. 군침을 흐르게 하는 음식을 먹고, 마음을 홀리는 음료를 마시며, 매혹적인 향을 맡고, 촉각의 육체적 감각을 즐기는 것이다. 아동교육에 전 생애를 바친 마리아 몬테소리(Maria Montessori)에 따르면, 배움의 기초는 감각들을 연습하는 데 있다. 감각 정보는 주의력 끌기와 집중, 집중된 학습능력의 창출, 인내심 향상을 위한 즐거움의 제공에 중요한 역할을 한다. 몬테소리는 학습을 구체적인 것에서 추상적인 것으로 옮기기 위해서 감각의 자극이 필요하다고 믿었다(Montessori, 1967).

풍요로운 삶의 모델(Life Enrichment Model: 이하 LEM)에서 감각 정보들은 풍요로운 삶을 위한 기반이다. 그것은 경외심을 자극하고 심리적 · 정서적 · 육체적 안녕을 증가시킨다(Rudd, Vohs, & Aaker, 2012; Stellar et al., 2015). 관능적인 경험은 풍요로운 삶을 특징짓는 긍정적 감정, 만족감, 컴패션의 깊은 샘물에 기여하는 아름다움, 경외감, 기쁨을 불러일으킨다. 또한 감각 정보의 입력을 자각하는 연습은 지금 현재의 순간에 사람들을 있게 하고 마음챙김(mindfulness)을 증가시킨다. 감각 경험과 함께하는 순간은 시간에 대한 주관적인 경험을 변화시킬 수 있고,[1] 나아가 넓은 여백이 있는 생활을 누릴 수 있게 한다(Rudd et al., 2012).

후각

이 세상은 에너지와 기분을 고양시키거나 각성을 진정시키고 평온함을 증진할 수 있는 천연 아로마로 가득하다. 태곳적부터 남녀는 아로마가 가진 이러한 기분 전환의 효과를 이용해 왔다. 고대 이집트, 그리스, 로마, 인도, 중국에서는 약용 목적으로 향기로운 식물로 만든 에센셜 오일을 사용했다는 증거가 있다(Aftel, 2014). 다양한 아로마의 효과를 보여 주는 일화와 증거는 많이 남아 있

---

1) 역자 주: 시간이 천천히 가듯이 느끼는 것이다.

다. 페퍼민트는 육체적으로 활력을 주는 향과 계피로서 지적 자극을 준다(Lobel, 2014). 라벤더, 아몬드, 재스민은 차분하게 하는 향기이며, 유향은 항우울제용으로 많이 사용되었다(Aftel, 2014). 레몬은 긍정적인 기분을 증가시키며(Kiecolt-Glaser et al., 2008), 아로마는 통증 완화(Bagheri-Nesami et al., 2014), 스트레스 감소(Chen, Fang, & Fang, 2015; Hur, Song, Lee, & Lee, 2014; Redstone, 2015; Tang & Tse, 2014), 수면의 질 향상(Hwang & Shin, 2015; Lillehei & Halcon, 2014; Lytle, Mwatha, & Davis, 2014)에 효과가 있다.

아로마에 대한 가장 과학적인 연구는 라벤더에 관한 것이었다. 연구자들마다 다른 다양한 방법(에센셜 오일이나 실제 식물)을 사용했지만, 라벤더 향이 통증(Sasannejad et al., 2012)과 스트레스(Hur et al., 2014)에 대한 지각을 효과적으로 감소시킬 수 있고 숙면을 돕는다는 연구 결과(Hwang & Shin, 2015; Lytle, Mwatha & Davis, 2014)가 증가해 왔다. 라벤더의 치료 효과를 뒷받침하는 증거가 늘어나고 있음에도 불구하고 연구자들은 아로마의 스트레스 감소나 긴장 완화의 효과는 실제적 효과보다는 기대감과 같은 심리적 요인에 의한 것일 수도 있다고 지적한다(Howard & Hughes, 2008).

변화의 동인이 아로마보다는 기대감일지라도 향기로 삶을 풍요롭게 할 수 있는 많은 방법이 있다. 원하는 진정 혹은 고취 효과가 있는 향기를 선택한 후, 방향 효과를 위해 룸 디퓨저를 사용하여 아로마를 퍼뜨릴 수 있다. 좋은 향의 초는 따뜻하고 미묘한 향기를 방에 퍼지게 할 수 있다. 아로마는 향 비누, 크림, 향수를 통해 몸에 입혀질 수 있다. 주방세제와 세탁세제를 현명하게 선택하여 집 안일에 새로운 즐거움을 누릴 수 있는 기회를 찾으라. 따뜻한 물이 신중하게 선택한 비누의 향기를 살려 식기 세척 경험을 즐겁게 하는 방식을 향유해 보라. 당장 신제품을 구입할 필요는 없지만, 마음에 드는 제품을 제때 사용해야 한다는 것을 기억하라. 잠시 하던 일을 멈추고 이 효과들에 주의를 기울여 보라.

향의 공유

한 흥미로운 연구는 페퍼민트와 같은 자극적인 향은 타인으로 부터 혼자 있게 하는 상황을 촉진하는 반면, 라벤더와 같은 편안한 향기의 사용은 타인과의 관계를 더 가깝게 한다는 것을 보여 준다 (Sellaro, Hommel, Rossi Paccani, & Colzato, 2015). 이 결과는 마음을 느긋하게 하는 향기는 다른 사람들과의 친밀감을 높이기 좋다는 것을 말해 준다. 향수의 사용은 관계를 향상시키기 위해 향을 공유하는 한 방법이다(Aftel, 2014). 사람들은 자신만의 향을 개발함으로써 사랑하는 사람들 주위에 있는 즐거움을 증대시킨다. 와인의 짙은 향이나 향긋한 꽃의 향기를 나누는 것 또한 친밀한 관계에서의 감정들을 고양시킨다.

시각

시각적 자극의 효과는 다양한 색상과 형태의 심리적 특성을 사용하여 선택에 영향을 미치고자 하는 제품 디자이너, 마케팅 담당자 및 광고주에게 잘 알려져 있다. 미술치료사들은 그들이 만드는 것의 시각적 효과를 위해 쓰이는 다양한 재료를 중요하게 생각한다. 또한 아름다운 것에 둘러싸이는 것과 아름다운 것들을 감상하는 것은 신체적·정신적 이로움을 준다(Ferrucci, 2009). 색과 예술로 자신의 환경을 풍부하게 하고 모든 형태의 자연과 아름다움에 대한 감상을 높일 수 있다. 사람은 색의 진정 또는 자극적인 특성을 이용할 수 있다. 간단히 말해서, 높은 각성 색(빨간색, 주황색, 노란색)은 파장 스펙트럼의 긴 끝에 있다. 이 색상은 심장을 빠르게 뛰게 하는 경향이 있다. 그들은 생리적인 각성을 일으킨다. 색상 스펙트럼의 반대쪽 끝에는 낮은 각성 색으로 알려져 있는 녹색, 파란색, 보라색이 있다. 이 색들은 심박수와 혈압을 낮춤으로써 평온함을 불러온다(Alter, 2014; Sakuragi & Sugiyama, 2011). 가정이나 사무실을 장식할 때 낮은 각성 색과 높은 각성 색의 영향을 잘 알아야 한다. 색상은 원하는 에너지 수준을 제공하는 톤을 조성한다.

집이나 사무실에서의 예술적 접촉은 처음에는 자극이나 진정의 효과가 있지만 그 효과는 잠시 후에 사라진다. 너무 자주 보다 보면 아무리 아름다울지라도 금세 익숙해지기 때문이다(Ferrucci, 2009). 그러므로 장식들이 주는 감각의 이완 작용이나 기운을 북돋우는 효과를 유지하려면 때때로 변화를 주어야 한다. 그림의 위치를 변경하는 것만으로도 새로운 그림이 만들어진다. 꽃병, 베개, 기타 장식품에도 동일한 효과가 발생할 수 있다. 사실 몇몇 사람은 정기적으로 베개, 테이블보, 러그에 관심을 가지거나 계절에 따라 가구 배치를 변경한다. 이러한 유형의 재정렬은 사람들이 자신의 집의 아름다움을 다시 '보고' 집을 느긋하고 흥미롭게 새로이 경험할 수 있게 하는 한 가지 방법이다.

환경적 풍요로움은 또한 자연적인 아름다운 환경에서 시간을 보내는 가운데 얻어진다. 연구 결과, 자연 상태에서 시간을 보내는 것은 스트레스를 줄이고 도시 환경에서의 시간에 비해 기분을 개선시킨다는 것을 보여 주었다(Li, 2018; Louv, 2011). 이 책을 쓰는 과정에서 내가 인터뷰한 많은 사람은 원기를 되찾고, 치유하고, 진정시키고, 강해지기 위해 자연에서 시간을 보냈다. 이들은 주중에 직장에서 오랜 시간을 보낸 후 주말에 자연에서 스스로를 재충전하는 시간을 기다리고 있었다. 자연 환경을 감상한다는 것은 밤하늘의 일몰, 월출, 별자리를 보는 시간을 갖는 것을 의미한다. 이러한 경험은 또한 주관적 웰빙[2]의 감정을 증가시키는 경외감을 가득 채울 수 있다(Rudd et al., 2012). 장식용으로 실내에 화분을 들이거나 자연을 볼 수 있는 창문을 갖는 것만으로도 스트레스를 줄일 수 있으며(Louv, 2011; Ratey & Manning, 2015). 집 안에 있는 사람들도 꽃과 실내 식물 등의 실내로 가져온 자연의 아름다움을 통해 심리적 이득을 얻을 수 있다(Dijkstra, Pieters, & Pruyn, 2008). 조셉 캠벨(Joseph Campbell)이 『신화의 힘(The Power of Myth)』에서 인용한 힌두 속담이 강조하는 것처럼, 자연의 아름다움과 함께하는 것은 당신을 신(the divine)과도 연결될 수 있게 한다. "저녁노을이나 산의 아름다움 앞에서, 당신은 잠시 멈추어 탄식한다. '아', 신과 당신은 이어지고 있다."(p. 258)

---

2) 역자 주: 행복은 때로 순간적이다. 여기서 말하는 주관적 웰빙은 긴 시간 지속되는, 삶의 질에 영향에 미치는 행복이다.

아름다움의 공유

　시각적 자극의 즐거움은 사랑하는 사람들과 공유함으로써 더욱 강화된다. 사람들은 아름다움을 함께 누릴 때 관계가 더욱 강하고 깊어지는 것을 발견하게 된다. 혹자는 다른 사람들의 존재가 아름다움의 경험을 가능하게 하는 것이라고도 한다(Ferrucci, 2009). 누군가와 걷거나 하이킹하는 것은 시각적 아름다움의 효과를 공유하고 확장하는 하나의 방법이다. 스냅챗(Snapchat), 인스타그램(Instagram) 또는 페이스북(Facebook)에 아름다운 사진을 게시하는 것은 사람들이 매일 접하는 아름다움을 공유하고 긍정적인 피드백을 받으며 그 효과를 배가시키는 일반적인 방법이다. 온라인에서 공유의 효과는 공유의 대상이 정해져 있고 개인적인 것일 때 더욱 강하다. 특히 마음에 있는 한 사람과 사진을 공유하면 아름다움을 감상하는 경험이 크게 향상될 수 있다. "아름다운 장면이 당신을 떠오르게 했습니다."라는 메시지와 함께 전해지는 이런 사진은 삶을 풍요롭게 하는 '사랑을 위한 노력(the work of love)'의 일부분이라 할 수 있을 것이다.[3]

촉각

촉각을 통한 풍요로운 삶은 직장이나 집의 환경에서 소재들과 표면들의 감각적인 측면들을 자각하는 것과 관련이 있다. 의류를 만드는 원단은 부드럽고 편안한 것일 것이다. 반면에 의류는 너무 덥거나 빡빡하거나 따끔거릴 수 있다. 상대적으로 사소한 자극이지만, 부적절한 옷은 스트레스의 중요한 원인이 될 수 있다. 옷에 대해 인지함으로써, 우리는 옷이 하루 종일 거슬리지 않고 편안한 효과가 있는지를 확인할 수 있다. 마찬가지로 사람들이 작업에 사용하는 물건의 표면이 너무 차갑거나 딱딱하면 불편할 수 있다. 종종 사람들은 책상이나 컴퓨터의 시원한 표면에 손목을 얹고 타이핑을 멈추고 쉰다. 이 차가운 표면은 손목터널증후군을 유발할 수 있다. 건강을 위해 사람들은 컴퓨터 마우스를 사용할 때 따뜻하고 부드러운 젤 패드를 사용하여 손목을 차갑고 단단한 표면에서 떨어지게 할 수 있다. 또한 인체공학적으로 설계된 가구는 삶의 풍요로움과 건강을 증진시킨다. 사람들은 그들이 앉아 있는 의자와 일하는 책상이 잘 설계되고 잘 맞는지 확인할 수 있다. 몸에 딱 맞는

---

3) 역자 주: 사랑을 위한 노력이란 사랑을 지속하게 하는 행동이며 노력이다. 사랑에 빠지기는 쉬우나, 지속하려면 노력이 필요하다.

가구는 훗날 목과 등의 문제를 예방할 수 있다.

접촉의 공유

촉각은 모든 종류의 긍정적이고 진정시키며 치유하는 접촉을 포괄할 수 있다. 포옹 및 마사지와 같은 다양한 형태의 개인 간 접촉을 통해 신경전달물질 역할을 하는 호르몬인 옥시토신이 뇌에서 방출된다. 이것은 개인 간의 애호나 사랑, 따뜻함, 유대감의 느낌으로 이어진다. 인간의 접촉과 신경전달물질이 포함된 대인관계가 주는 효과는 앞으로 중독에 대한 치료의 중심에 있게 될 것이다(Bowen & Neumann, 2017). 20초의 포옹은 낮 동안 축적된 스트레스의 영향을 막을 수 있으며, 30분의 마사지는 일주일에 걸쳐 축적된 스트레스를 완화시킬 수 있다.

미각

질 높은 음식의 강렬한 맛을 경험하는 것은 삶을 풍요롭게 한다. 이것은 피터 카민스키(Peter Kaminsky)의 책 『요리의 지성(Culinary Intelligence)』의 주제였다. 전 식품평론가이자 요리책 저자인 카민스키는 '칼로리마다의 맛에 투자'하는 것이 음식에 대한 즐거움을 높일 수 있고 자신의 건강에 중대한 영향을 줄 수 있음을 발견했다. 그는 현지에서 재배한 신선한 유기농 식품을 먹음으로써, 극도로 풍미 가득한 식사를 조금씩 먹으며 식료품에 대한 많은 금전적

투자를 보상받았다고 설명했다. 그는 맛이 뛰어날 때에는 적은 음식으로도 만족감을 느끼게 됨을 발견했다. 카민스키(2013)는 칼로리마다의 맛에 투자함으로써 체중을 크게 줄이고 당뇨병 및 기타 건강 문제의 위험을 낮추었다. 맛에 초점을 맞춤으로써 누구나 먹는 것이 '정찬(dining)'이 될 수 있으며, 정찬은 풍요로운 경험이 될 수 있다.

풍미 있는 식품을 위한 가장 가능한 신선한 구입처는 현지 농산물 시장이다. 또한 사람들은 지역사회 지원 영농(Community Supported Agriculture: 이하 CSA)을 선택할 수도 있다. CSA는 일반적으로 지역에서 재배된 야채와 과일 상자(때로는 유기농 계란과 육류 제품 상자)를 제공하는데, 이것들은 중앙 픽업 장소 또는 각 가정으로 배달된다. CSA의 장점 중 하나는 사람들이 평상시에는 구입하지 않을 제품을 시도하게 하고 상자 내용물에 대한 요리 아이디어를 매주 제공한다는 것이다. 항상 같은 음식을 먹으면 영양소가 제한되어 맛이 희석되기 때문에 섭취하는 음식을 다양하게 바꾸어야 한다. 같은 음식을 반복적으로 먹으면 미각의 자극이 줄어들어 많은 양을 먹게 된다. 사람들이 실제로 원하는 것은 미각의 다양성이다. 다양한 음식을 먹는 것은 삶을 풍요롭게 하는 것이다.

주의 깊은 식사는 또한 맛의 경험을 증가시키고 사람들이 배고픔을 즐길 수 있도록 도와준다(Chozen Bays, 2009). 더욱이 주의 깊은 식사는 다른 많은 유형의 배고픔이 있음을 이해하도록 도와준다. 빠르게 변화하는 삶을 살아가는 사람들은 자신이 무엇에 진정 배가 고픈지를 깨달을 만큼 속도를 늦추지 못한다. 먹을 것이 여기저기 널려 있고 먹을 것을 쉽게 얻을 수 있기 때문에 사람들은 필요를 느낄 때마다 음식에 손을 뻗는다. 굶주림에는 적어도 일곱 가지 종류가 있다. 이는 시각적으로 즐거운 광경을 원하는 '눈의 굶주림', 바삭바삭하고 부드러운 것과 같은 다양한 감각을 원하는 '입의 굶주림', 향기로운 물질을 원하는 '코의 굶주림', 지적 자극에 대한 '뇌의 굶주림', 정서적 안정에 대한 '감정적 굶주림', 빈 위장을 채우는 '배의 굶주림', 그리고 우리의 세포에 영양을 공급하는 '몸의 굶주림'이다(Chozen Bays, 2009). 음식은 위와 몸의 굶주림을 안정적이고 적절하게 충족시키며, 다른 유형의 굶주림들은 또 다른 수단들을 통해 더 만족스러워진다. 사람들이 분별없이 살 때, 그들은 모든 유형의 굶주림을 해결하기 위하여 음식에 의지한다. 더 마음을 챙기며 생활하고, 특히 풍요로운 삶을 살 때 당신은 당신의 중요한 욕구(needs)를 충족시키는 다양한 경험에 대해 깨닫게 될 것이다.

감각을 통한 삶의 풍요로움에 대해 배운 후, 한 내담자는 나에게 [그림 ①](139쪽)과 같은 에어룸 장미(heirloom roses) 꽃다발을 사 주어 그녀가 이 개념을 이해한 것을 보여 주었다. 이 특별한 색의 꽃들을 감상하는 것과 감각을 나누는 것을 통해 우리 둘의 삶은 풍요로워졌다.

맛의 공유

가족이나 친구들과 식사를 함께 나누는 것은 기분 좋게 하는, 특별한 맛들을 즐기는 방법이지만, 또한 아주 넓은 영역의 정서적 이점이 있다. 지난 20년간 수행된 과학적 연구들은 가족들이 함께 식사할 때 모든 연령대의 아이들이 육체적으로, 감정적으로, 학업적으로 더 나아진다는 사실을 뒷받침한다. 한부모, 계부모 또는 전통적인 가족과 같은 가족의 구조에 관계없이 식사를 함께 하는 가족의 자녀는 학교 성적이 향상되고, 위험한 행동이 줄며, 식습관이 개선될 가능성이 많다. 가족과 함께 저녁식사를 하는 아동은 과체중일 가능성이 적고, 건강에 해로운 음식을 덜 선택하며, 섭식장애가 덜 나타난다. 또한 과일과 야채를 먹을 가능성이 더 크다. 식사를 함께 하는 가정의 청소년은 흡연, 음주, 마리화나, 혼전 성관계의 가능성도 적다. 가족 식사의 효과가 가족 간의 친밀감과 항상 관련이 있는 것은 아니지만, 이야기들에 관한 피드백을 얻고 '가족 대화 시간(air time)'을 갖는 가운데 일어나는 그날 하루에 대한 이야기와 감정들의 나눔, 적극적인 문제 해결은 친밀감을 일으킨다. 함께 식사하는 것은 소녀들의 약물 중독을 지속적으로 방지하는 예방 효과가 있는 것으로 나타났다. 한 연구에서 청소년 시기에 가족과 함께 저녁식사를 한 젊은 여성은 5년 후 약물 중독의 가능성이 덜한 것으로 나타났다(Fishel, 2015; Meier & Musick, 2014).

청각과 침묵

우리는 청각의 자극에 의해 끊임없이 괴롭힘을 당하는 시대에 산다. 텔레비전은 소음 배경을 제공한다. 우리는 운동할 때 이어폰을 통해 음악이나 팟캐스트(Podcast)를 듣거나, 운전할 때 라디오에서 뉴스를 듣는다. 우리가 원하든 원하지 않든 음악은 식료품

점, 쇼핑몰 및 병원에서 우리와 함께한다. 이 모든 청각 자극은 하루하루 거슬리는 것이 될 수 있다. 침묵의 순간이 자율신경계 각성과 스트레스를 감소시킬 수 있다는 연구가 있다(Bernardi, Porta, & Sleight, 2006). 침묵은 정신적 자원을 보충하고 창의성을 촉진할 수 있다(Kagge, 2017; Kelley & Kelley, 2013). 놀랍게도, 연구자들은 침묵이 실험용 쥐에게 새로운 뇌 세포의 성장을 촉진할 수 있다는 것을 발견했다(Kirste et al., 2015). 이 놀라운 효과는 침묵이 통제 또는 중립 조건이라고 가정된 연구에서 발견되었지만, 실제로는 본질적으로 강력한 매개임이 입증되었다. 침묵은 치유이다.

그러므로 사람들이 청각적 방법으로 삶을 풍요롭게 하기 위해 할 수 있는 첫 번째 일은 더하는 것이 아니라 빼는 것이다. 사람들은 교통, 에어컨 또는 난방 시스템 및 가전제품 등의 소음은 피할 수 없는 대신, 통제할 수 있는 소음을 줄이기 위해서는 노력할 수 있다. 사람들이 집에서 나가 있는 시간 동안 식기세척기와 같은 일부 가전제품은 예약 사용이 가능하다. 구형 가전제품은 필요에 따라 더 조용한 버전으로 교체하라. 이중창 또는 삼중창은 교통 소음을 줄일 수 있다. 언제 텔레비전의 전원을 켜고 언제 조용히 있을지를 신중하게 지키는 것이 중요하다. 주의 깊게 선택한 음악은 분위기를 조성하거나 다른 원하는 효과를 제공할 수 있다.

음악을 듣는 것은 몸과 마음과 정신에 많은 영향을 끼친다. 음악을 만드는 것과 리듬의 무수한 유익한 효과에 대한 토의는 이 책의 범위를 벗어난다. 이 절에서는 음악 듣기의 효과에만 초점을 맞출 것이다. 음악은 강력한 감정을 불러일으키고 동기를 부여할 수 있다. 기분을 고양시키며 행복감을 높일 수 있다. 연구에서는 좋아하는 음악을 듣는 것이 주관적인 불안감뿐만 아니라 혈압과 같은 스트레스의 객관적 척도 점수를 낮출 수 있다는 사실이 밝혀졌다(Dobek, Beynon, Bosma, & Stroman, 2014; Garcia & Hand, 2016; Hsieh et al., 2014; Lesiuk, 2008). 음악을 듣는 것은 고통에 대한 자각을 감소시킬 수 있으며, 연구들은 클래식 음악을 듣는 것이 면역 기능까지 향상시킬 수 있음을 보여 준다(Jha et al., 2015). 고로 음악을 듣는 것에는 당신의 삶을 풍요롭게 할 수 있는 많은 방법이 있다.

음악의 공유

커플들은 종종 같이 좋아하는 노래로 묶이기 때문에 음악을 공유하는 것은 로맨틱한 파트너 관계를 더욱 풍성하게 할 수 있다. 이러한 음악 애호는 공유된 가치들을 강조하고 특별한 시간들을 기념하기 때문에 지속될 수 있다. 찬송가와 같은 음악의 공유는 교회의 가족들을 연결한다. 국가(國歌)와 전통음악의 공유는 국가(國家)와 지역사회를 묶는다. 서로 같은 음악들을 공유하는 엄마와 딸들은 더욱 조화로운 관계들을 보여 준다(Morgan, MacDonald, & Pitts, 2015).

관능과 두뇌

감각적인 면을 강조하는 미술에는 많은 이점이 있다. 사람들은 미술을 통해 촉각 또는 시각에 빠져들며 차분히 중심이 잡히는 것을 느낄 수 있다. 예를 들어, 점토를 리드미컬하게 쓰다듬는 것은 사람들의 마음을 계속해서 복잡하게 하는 생각들을 가라앉힐 수 있다. 인간 경험의 신경과학에 대한 연구는 몇몇 대규모의 뇌 네트워크가 뇌 기능을 지배한다는 것을 보여 준다. 여기서는 디폴트 모드 네트워크(Default Mode Network: 이하 DMN)와 직접 경험 네트워크(Direct Experience Network: 이하 DEN)가 주로 해당된다. 기능적 자기공명영상(functional Magnetic Resonance Imaging: fMRI) 연구에 따르면, 사람들이 활동적이지 않은 경우, 공상에 잠겨 있을 때, 전두엽 피질(자극 판단과 관련)과 해마(기억과 관련)가 결합하여 자기지시적(self-referential) 사고를 일으키는 것으로 나타났다. DMN은 사람이 바쁘지 않을 때 생각들의 특징을 나타내는 자기지시적인 내부의 대화 흐름을 제공하기 때문에 '서사 네트워크(narrative network)'라고 불려 왔다(Bressler & Menon, 2010). 이러한 사고는 자기중심적이고 종종 자기비판적인 경향이 있다.

다른 한편, DEN의 기능은 들어오는 감각 정보를 처리하는 뇌 섬엽(insula)과 주의 메커니즘(attention mechanism)과 관련된 전대상 피질(anterior cingulate cortex)에서의 활동을 특징으로 한다. 연구에 따르면, DEN 또는 DMN 중 하나가 작동 중일 때 다른 하나는 침묵하게 된다. 그러므로 사람들이 풍부하고 감각적인 경험을 할 때 DEN은 DMN을 중단시키고 서사 네트워크는 침묵하게 된다. 나는 독자들이 다음에 설명된 감각적인 경험들을 시도하여 평상시에 작동하는 내부 대화 없이도 감각 그 자체의 경험을 즐기기를 바란다. 경험이 목표를 가지고 있지 않을 때 내부의 서사는 침묵한다. 목적을 염두에 두면 서사가 강해지는 것이 일반적이다. '내부 비평가

(internal critic)'는 과정과 결과를 지속적으로 평가하는 것으로 보인다. 감각적 경험에 총체적으로 몰입하는 것은 이 내부의 비판적인 목소리를 길들이기 위한 한 가지 방법이다. 감각에 자신을 집중하는 것은 과거에 대한 슬픔을 줄이거나 미래에 대한 불안감을 줄여 현재에서의 마음챙김을 증가시키는 한 방법이다. 인식을 현재로 되돌리고 안식의 순간을 경험할 수 있도록 당신의 다섯 가지 감각 중 어느 하나에 주의를 기울이라.

감각적 쾌락의 극대화

본질적으로 관능적인 즐거움은 일시적이며 짧다. 감각들은 신호들이며, 대개 빨리 오고 빨리 사라진다. 하지만 감각적 쾌락에 대한 몰입과 즐거움을 극대화하여 감각들이 삶을 가치 있게 할 수 있는 증명된 방법들이 있다. 첫째, 감각이 주는 가능성들에 주의를 기울이는 것이 중요하다. 감각적인 즐거움에 관심을 기울이기 위해서는 더 느린 삶의 속도가 필요하다. 삶의 속도를 낮추는 것은 관능적 쾌감을 높이기 위한 다음 방식으로의 몰입을 가능케 하는데, 이는 '음미(savoring)'이다(Hurley & Kwon, 2010). 음미는 사람들이 적어도 30초 동안 응시하거나 흡입하며 촉감과 소리와 같은 감각적 경험에 몰입하는 것을 의미한다. 연구들은 감각들과 경험들의 음미를 통해 감각적 쾌락 및 그 결과로 우리의 기분에 미치는 영향이 크게 향상된다는 것을 보여 준다(Gentzler, Palmer, & Ramsey, 2016; Hurley & Kwon, 2012; Jose, Lim, & Bryant, 2012). 나아가 신체의 건강 상태와 관계없이 삶의 긍정적인 감각적 측면을 더 잘 음미하는 고령자들은 그렇지 못하는 사람들보다 자신의 삶에 훨씬 더 만족한다(Smith & Bryant, 2016).

'처음-마지막(First Time-Last Time)' 경험은 감각을 강화하는 데에도 도움이 된다. 이것은 사랑스러운 감각에 직면했을 때 사람들이 '이게 내가 처음 보았거나, 맛보거나, 느낀 것이었다면 어땠을까?' 또는 '이것이 내가 마지막으로 경험하는 감각이라면 어떨까?'라고 생각하는 것이다. 감각에 대한 이 경건한 태도는 우리의 경험을 크게 확대시킬 수 있다. 또한 처음-마지막 경험에 몰두하는 것은 전반적으로 감탄과 고마움을 증폭시킬 수 있다. 혹자는 우리가 안전하고 건강한 서구 사회에서 종종 우리의 죽음이나 어떤 '마지막 시간'의 경험을 직면하지 않기 때문에 삶에서 활력을 잃어버렸다고 생각한다. 르네상스 시대의 사람들에게는 인간의 두개골을 책상에 놓고 삶은 짧고 죽음은 자명하다는 것을 상기시키는 기념물(memento mort)로 사용하는 것이 일반적이었다. 이 기념물은 사람들이 겸손함을 잊지 않고 신을 기쁘게 하는 삶을 사는 것을 독려하기 위한 것이었다.

감각을 강화시키는 또 다른 방법은 동일한 자극의 반복을 피하는 것이다. 습관화라 불리는 현상 때문에, 어느 감각이든 반복되면 자극시키는 능력을 잃는다. 익숙한 감각이 습관화되면, 그것은 더 이상 평범한 자극의 배경과 차별화되는 잠재적인 위협이나 기회를 알리는 신호가 아니게 되기 때문에 적응이 되어 버린다. 예를 들어, 사람들이 어떤 그림을 오랫동안 걸고 살면 그들이 더 이상 그 그림을 '보지 않는다'는 것을 깨닫게 된다. 그러나 새로운 사람이 집에 와서 그 그림을 주목하면 다시 그 그림은 새로워진다. 익숙한 감각을 너무 자주 만나는 것은 또한 짜증 나는 것이 될 수도 있다. 나는 커피를 마시는 습관을 끊으려고 복숭아 차로 대체하기로 결심한 내담자를 겪은 일이 있다. 그녀는 복숭아 차가 사랑하는 커피를 맛있고 만족스럽게 대체할 것이라고 생각했다. 그리고 그것은 실제로 그랬다. 잠시 동안만. 복숭아 차는 그녀가 한 달 동안 마신 유일한 뜨거운 음료였기에 결국 그녀는 복숭아 차를 싫어하게 되었다. 그녀가 다양한 허브 차를 시도했다면 그것 모두를 좋아하지는 않았겠지만 아마도 복숭아 차 맛을 싫어하게 되지는 않았을 것이다. 그러므로 교훈은 두 가지이다. 첫째, 습관화를 줄이기 위해 감각 자극의 반복을 피하고, 둘째, 당신의 레퍼토리에 다양한 자기 돌봄의 '맛들(flavors)' 혹은 전략들을 두어 하나의 감각이 시간이 지난 후에는 오히려 유해한 것이 되지 않게 하라. 다양성은 (풍요로운) 삶의 향신료이다.

마지막으로, 사랑하는 사람과 감각의 자극을 공유하면 긍정적인 효과가 배가 된다(Ferrucci, 2009; Hurley & Kwon, 2012). 사랑하는 사람과 아름다운 것을 나누는 것은 연결을 강화하고 유대감을 깊게 하는 사랑을 위한 노력의 일부이다. 페이스북과 인스타그램이 있기 이전에, 나는 나의 아이들에게 아름다운 경험을 한 사진을 공유해 달라고 부탁했다. 종종 영감을 주는 아름다운 사진이 예기치 않게 아무 말 없이 도착하는데, 나는 그것들이 '사랑합니다'라고 말하고 있다는 것을 안다. 나아가 자연 세계에서 아름다움을 감상하는 것은 신성한 것과의 관계를 강화하고 심화시킨다. 바버라 브라운 테일러(Barbara Brown Taylor)는 자신의 저서 『세계의 제단(An

Altar in the World)』(2009)에서 우리의 급변하는 결과 중심의 사회에서는 아름다움에 감탄하는 편안한 즐거움에 취하는 것이 거의 '혁명적인(revolutionary)', 불가능에 가까운 일이라고 했다. 어떤 결과물을 내놓지 않고 휴식을 취하고 즐기면서, 우리는 우리 사회가 사람과 경험에 가치를 부여하는 방식에 저항하게 된다. 고독한 혁명가가 되는 것은 어려운 일이기 때문에, 그녀는 이러한 감탄의 실행을 지지할, 동일한 가치를 공유하는 사람이나 공동체를 찾는 것을 제안한다.

요약 및 결론

감각적 경험은 경외감, 기쁨, 사랑을 불러일으킬 수 있으며, 심리적·정서적·신체적 건강에 모두 긍정적인 영향을 미친다. 따라서 감각적 경험들은 풍요로운 삶을 특징짓는 긍정적인 감정, 공감, 낙관의 깊은 샘물의 상당 부분에 영감을 준다. 감각에 대한 놀라운 점은 사람들이 매일 이용할 수 있는 다섯 개의 채널을 통해 삶을 풍요롭게 한다는 것이다. 삶의 속도를 늦추면 삶의 풍요로움이 증가한다. 속도가 느려지면서 사람들은 주변의 아름다운 광경을 더 잘 인식하고, 감각적 측면에서의 촉감을 탐닉하며, 사치스럽고 화려한 맛과 향을 음미할 수 있기 때문이다. 삶의 더 느린 속도는 침묵을 감상하고 좋아하는 음악과 같은 즐거운 소리를 주의 깊게 더하는 데 도움이 된다.

감각의 풍요로움은 사람들을 현재에 있게 하며 과거에 대한 슬픔이나 미래에 대한 불안을 경험할 가능성을 줄인다. 사람들이 그 순간에 완전히 존재할 때, 그들이 마음을 챙기며(mindful) 존재할 때 시간에 대한 자각은 늦추어지며, 이는 풍요로운 삶의 특징인 넓은 여백을 설정하는 데 도움이 된다. 여백이 넓은 생활은 아름다움을 느끼고 몰입할 수 있는 가능성을 높인다. 이 선순환의 성장은 아름다움을 포용하는 것의 '급진적인' 측면에 대항하여 더 이상 그것이 급진적인 것이 아니게 할 것이다.[4] 생산적인 것을 해야 하는 압박이 없을 때, 아름다움을 감상하며 쉴 시간은 더욱 많아진다.

감각을 통해 경험된 풍요로움은 더욱 고조되고 지속될 수 있다. 사람들이 주의를 기울여 순간을 음미하기 위해 최소 30초를 보내고, 이것이 처음 또는 마지막으로 감각을 경험할 수 있는 것처럼 행동하며, 같은 일을 반복적으로 하는 것을 피하면, 감각적인 경험에서 파생된 즐거움은 향상된다. 마지막으로, 어떤 종류의 감각이든 삶을 풍요롭게 하려면 다양하게 섞는 것이 중요하다. 당신이 먹는 **환상적인** 음식을 바꾸어 보라. 일주일에 한 번 향기를 바꾸어 보라. 또는 한 달에 한 번 익숙한 광경을 바꾸려고 시도해 보라. 당신이 경험하는 감각들이 많고 다양할 때, 감각 자극에서 더 큰 기쁨을 발견하게 될 것이다.

감각 작용과 미술을 통한 성찰

1. 자연 환경에서 가장 좋아하는 장소 중 한 곳으로 이동하여 그곳에서 찾은 천연 재료(바위, 모래, 잎, 나무껍질 및 조개껍질)를 사용한 예술 작품을 만들거나 찾은 재료의 질감들을 문질러 느껴 보세요.

2. 핑거 페인트와 핑거 페인트 용지를 사용하고 풍부한 물감과 부드러운 용지를 사용하여 이러한 재료들의 시각적/촉각적 특성을 경험하세요.

---

4) 역자 주: 아름다움을 포용하는 것은 일상적인 것이고, 더 이상 혁명적이거나 새로운 것이 아니게 된다.

특별히 무언가를 만들려고 하지 말고, 페인트가 종이 주위에서 미끄러지는 느낌과 색이 섞이는 것에 주목하세요.

3. 전통적인 실, 원사, 헝겊 또는 구슬을 사용하여 내부 감각을 표현하는 것을 만드세요. 특별히 무언가를 만들 필요는 없습니다. 직물과 공예품의 감각에 주목하세요. 내부 감각의 경험이 공예품의 외부 감각과 어떻게 일치하기 시작했는지 여부에 주목하세요.*

4. 당신의 인생에서 특별한 사람과 아름다움을 공유하는 특별한 방법을 찾으세요.

---

* 역자 주: 예를 들자면, 외부에서의 질감의 진정 효과가 내부에서 같이 일어나고 있는지 여부

 ## 자기성찰을 위한 질문

1. 관능적인 경험에 몰입할 때 당신 몸 안의 무엇을 알아챘나요? 앞의 재료들을 접하면서 어떤 감정이 느껴졌나요?

2. 감각에 빠져드는 것은 (최종 예술작품을 만드는 것과 관계없이) 내면의 비판하는 목소리에 어떤 영향을 미쳤나요?

동작을 통한 풍요로운 삶

나의 다리가 움직이기 시작하는 순간,

나의 생각도 날아오르기 시작하는 것 같다.

– 헨리 데이비드 소로(Henry David Thoreau, 2009, p. 68)

풍요로운 삶의 모델(Life Enrichment Model: 이하 LEM)에서 감각은 동작과는 반대편에 있지만, 두 가지 측면 모두 건강하고 풍요로운 삶의 필수 구성요소이다. 제3장에서 논의했듯이, 이 두 가지 육체적인 삶의 질 사이에는 강력한 상호작용이 있다. 하나의 구성요소가 상승하면, 다른 하나는 저하된다.[1] 이 수준에서 LEM의 두 반대 요소들 사이의 관계는 사람이 점점 활동적이 될수록 감각의 미세한 변화를 느낄 수 있는 능력은 감소한다는 것을 의미한다. 결과적으로, 너무 격렬한 운동은 감각의 미세한 변화를 감지하는 능력을

---

1) 역자 주: 정확하게는 역U자 모형의 관계이다.

방해하거나 무시하게 하며 사람들이 자신의 몸에 귀 기울이지 않게 해서, 그들의 웰빙을 전반적으로 저하시킬 수 있다. 감각과 운동 경험 사이에서 역동적인 균형을 이루면 부상의 가능성은 줄고 적절한 자기돌봄의 가능성은 높아질 수 있다. 예를 들어, 달리기를 한 후 신체의 감각에 주의를 기울이는 사람은 휴식과 회복의 필요성을 느낄 것이다. 사람들은 몸의 긴장을 푸는 따뜻한 샤워 등의 방법을 통해 신체 활동의 과부하와 감각 작용의 균형을 맞추려 할 것이다.

신체 활동 이상의 규칙적인 운동이 주는 큰 이점에 대해서는 많은 연구가 있어 왔다. 신체 활동과 신체 운동은 모두 웰빙에 중요하지만, 두 가지가 뚜렷이 다른 것이라는 점에 유의해야 한다. 신체 활동(physical activity)은 일반적으로 근골격계와 관련된 모든 종류의 운동을 말하는 반면, 신체 운동(physical exercise)은 계획적인, 신체 건강을 증가시키기 위한 목적으로 수행되는 반복적인 활동을 말한다(Caspersen, Powell, & Christenson, 1985). 이후에 열거될 여러 가지 이점은 규칙적인 신체 운동과 신체 활동 둘 다 언급하고 있으나, 필요할 때는 따로 구분이 될 것이다. 긍정적인 효과를 느끼기 위해서 꼭 오랜 시간의 운동이 필요하지 않다는 것을 명심해야 한다. 나와 함께 일했던 한 운동생리학자는 "모든 운동을 한 번의 긴 세션 동안 땀을 흘리며 할 필요는 없다."라고 말하곤 했다. 적은 양의 활동도 효과적일 수 있다는 것이다. 한 연구에 따르면, 점심 때 갖는 신체 활동의 휴식 시간과 엘리베이터보다는 계단을 이용하는 습관은 '회복 필요성(need for recovery)'의 자가체크 점수를 낮게 했으며, 이는 사람들이 하루 동안 의식적으로 더 활동적이었을 때는 일을 마친 후에도 휴식을 취할 필요성을 크게 느끼지 못했음을 의미한다(Coffeng, van Sluijs, Hendriksen, van Mechelen, & Boot, 2015).

운동의 혜택

여가 시간을 신체적인 활동에 많이 투자하는 사람일수록 스스로를 최상으로 건강하다고 평가할 가능성이 더 많다는 것은 흥미로운 점이다(Galán, Meseguer, Herruzo, & Rodríguez-Artalejo, 2010). 규칙적인 신체 운동은 육체적·정신적 영역 모두의 풍요로운 삶과 관련이 있다(Ratey & Hagerman, 2008). 실제로 건강심리학자들에 의해 '자기통제의 기적(self-control miracle)'이라고 불리는 규칙적인 신체 운동과 관련된 많은 긍정적인 이점이 있다(McGonigal, 2013). 이것은 규칙적인 신체 운동을 하는 사람들은 그 긍정적인 효과를 알아차리고 영양가 있는 음식을 먹거나 물을 많이 마시며 중독성 물질을 피하거나 규칙적인 수면 루틴을 개발하는 등의 다른 건강 증진 습관들에 더 익숙해진다는 것을 의미한다.

신체 활동을 자주 하는 것은 동작뿐만 아니라 야외 활동을 즐기는 것과도 관련이 있다. 따라서 동작의 긍정적인 효과는 감각을 자극함과 동시에 이완을 유도하는 것과 같은 행동이다(Ratey & Manning, 2015). 앞서 언급했듯이 자연과 함께하는 것은 객관적·주관적으로 평가되는 스트레스 척도 점수 전체를 낮추는 것과 관련이 있다.

긍정적인 감정의 증가

정기적으로 운동을 하는 사람들은 연령대에 상관없이 긍정적 감정의 증가, 주관적 웰빙의 느낌들, 향상된 자기 이미지를 더욱 쉽게 경험할 수 있다(Garcia, Archer, Moradi, & Andersson-Arntén, 2012; Kohn, Belza, Petrescu-Prahova, & Miyawaki, 2016). 스트레스를 담을 그릇 혹은 발산 수단을 제공함으로써 신체 운동과 그에 따르는 신체의 건강함은 힘든 업무 스트레스를 완화하고 소진의 가능성을 줄일 수 있다(Schmidt, Beck, Rivkin, & Diestel, 2016). 콘 등(Kohn et al., 2016)은 신체 운동에 의해 강화된 더 큰 자기수용, 목적과 숙달 감각의 강화, 긍정적 관계, 사회적 소속감 등의 많은 추가적 사회심리적 자원들을 확인했다. 요가는 긍정적인 감정과 자기자비(self-compassion)[2]를 증가시켜 스트레스를 줄이는 신체 운동의 한 유형이다(Riley & Park, 2015).

또한 많은 연구에 따르면, 규칙적인 신체 운동은 경도 우울증, 특히 여성의 우울증에 강력한 항우울 효과가 있음을 보여 준다(Zhang & Yen, 2015). 에어로빅 운동은 다양한 불안장애의 치료에 성공적으로 사용되어 왔다(Powers, Asmundson, & Smits, 2015). 규칙적인 신체 운동은 경도(mild)에서 중증도(moderate)의 우울증 증상을 경험하는 사람들에게 약물보다 더 지속적인 효과가 있는 것으로 보인다. 연구자들은 운동이 뇌의 화학 작용을 변화시킬 뿐만 아니라 자신감을 증가시키고 자신에 대한 긍정적인 감정을 통해 정체성을 변화시키기 때문이라 여긴다. 신체 운동이 즐거운 것으로

---

2) 역자 주: 여기서 컴패션은 공감(empathy)에 가깝다. 제8장의 150-151쪽을 참조하라.

인식될 때 그 효과는 최고에 이른다. 피켓, 켄드릭, 야들리(Pickett, Kendrick, & Yardley, 2017)는 운동이 단순히 수행되는 때보다는 즐거울 때 참여자들이 더 열정적인 삶을 산다고 느끼는 것을 발견했다. 더 나아가 그들은 운동에 대한 긍정적인 감정을 더 많이 경험하면서 운동의 동기가 외적(운동이 좋다는 것을 알고 있음)에서 내적(운동을 하면 기분이 좋아서 하고 싶어짐)으로 바뀌었다고 평가했다. 내적 또는 내재적 동기부여는 외부적 동기부여보다 장기적으로 습관을 더 쉽게 유지하게 한다. 고로 치료사가 힘들고 까다로운 직업 스트레스를 줄이고자 한다면 편리하게 즐길 수 있는 운동을 꼭 함께 해야 한다.

동작이 있는 미술 활동은 긍정적인 감정을 높이고 스트레스를 줄이는 재미있는 방법이 될 수 있다. [그림 ②]와 [그림 ③](140쪽)은 야외에서 작품 결과에 대한 기대 없이 큰 종이 위에 페인트를 흩뿌려 만든 두 개의 이미지를 보여 준다. 옷에 페인트가 튀는 것에 대한 기본적인 두려움은 있었지만, 대부분은 그 경험을 재미, 활력, '해방감(releasing)'으로 묘사했다. 동작을 통한 미술 경험은 신체적·정서적으로 에너지와 긴장을 풀어 주고 스트레스를 줄일 수 있다.

인지적 기능의 향상

운동은 집중력, 학업성취도, 기억력을 포함한 다양한 인지 기능을 향상시킨다(Ratey & Hagerman, 2008). 10분간 걷는 것은 몸을 가장 깨어 있는 상태로 돌려놓고, 하루 동안 가장 편안한 상태로 만들 것이다. 이러한 종류의 활동 휴식은 많은 시간 앉아 있어야 하는 업무를 가진 사람들에게 필요한 것이다. 또한 집이나 직장에서 스트레스를 받는 시간 동안 신체 운동을 하는 휴식을 갖는 것은 활력을 주고 우울을 해소하는 훌륭한 방법이다(Sharma, Madaan, & Petty, 2006).

호건, 마타, 카스텐슨(Hogan, Mata, & Carstensen, 2013)은 모든 연령대에 걸쳐 신체 운동이 작업 기억 기능(working memory functioning)[3]을 향상시킨 것을 증명하였다. 집중력이 적당한 수준의 운동에서 최상의 향상을 보이는 것은 역U자 모형을 따르는 것으로 보인다(Hüttermann & Memmert, 2012). 신체 운동은 두뇌의 신경 연결의 수를 증가시키고 모든 수행 능력 기능을 향상시키는 것으로 나타났다. 운동은 당신을 더 똑똑하게 만들 수 있다!

향상된 수면

규칙적인 신체 운동은 사람들의 연령 및 생활환경과 상관없이 전반적인 수면의 질을 향상시킨다(Connaughton, Patman, & Pardoe,

---

3) 역자 주: 작업 기억은 숫자 등의 암기와 같은 단기적 · 일시적으로 저장되는 기억으로, 한정된 용량 때문에 빨리 사라진다.

2014; Flausino, Da Silva Prado, De Queiroz, Tufik, & De Mello, 2012; Hartescu, Morgan, & Stevinson, 2015; Kredlow, Capozzoli, Hearon, Calkins, & Otto, 2015). 또한 사람들이 잘 쉬었거나 신체적으로 건강할 때, 필연적으로 삶에 끼어드는 스트레스 요인에 보다 잘 대처할 수 있다는 증거들이 있다. 나는 이러한 스트레스에 대한 접근을 스트레스 '예방접종(inoculation)'이라 하고 싶다. 즉, 신체, 정신 및 영혼을 가능한 한 건강하게 함으로써 스트레스 요인에 대한 저항력을 구축할 수 있음을 의미한다. 하루 중 언제든지 운동을 하면 수면의 질이 향상되지만, 수면 개선을 위해 가장 좋은 운동 시간은 취침 시간 바로 전이 아닌 3~4시간 전이다. 운동은 체온을 상승시키고 3~4시간 뒤에는 기준치 이하로 저하시키는 것과 연관되어 있다. 낮아진 체온은 밤 동안 수면의 질을 향상시킬 수 있다(Breus, 2006).

체력 증진

규칙적인 유산소 운동 외에도 동작을 통해 삶을 풍요롭게 하는 것은 자신의 힘과 근육의 능력, 유연성, 민첩성, 동작에서 즐거움을 취하는 것을 의미할 수 있다. 동작과 신체를 통한 풍요로움은 몸이 어떻게 보이는지에 초점을 맞추기보다는 몸이 무엇을 할 수 있는지에 관심을 기울이고 중요히 여기는 것을 의미한다. 자신의 몸이 할 수 있는 것에 집중하는 사람들은 자신의 신체가 어떻게 보일까 긴장을 늦추지 않는 식습관을 유지하는 사람들보다 섭식장애가 생길 가능성이 더 낮다(Elavsky, 2010). 신체를 강화하고 체력 단련에 자부심을 갖는 것은 '부트 캠프(boot camps)',[4] 무술 수업, 체육관에 가는 것, 개인 트레이닝 또는 간단한 근력 운동을 통해 가능하다.

사람들이 자신의 몸이 할 수 있는 것으로 쾌감을 느낄 때, 강함과 기분 좋음을 느끼며 그들의 삶은 신체적으로 풍요로워진다. 통증, 장애, 또는 다른 한계로 인해 동작에 장애가 있는 사람들은 의사, 물리치료사, 또는 운동생리학자의 조언을 듣고 운동 프로그램을 시작하는 것이 가장 좋다. 전문가들과 함께 운동하면서 개인적인 강점과 약점을 파악하고 고통이 언제 해롭고, 언제 극복되어 나가야 하는지 결정할 수 있다. 전문가와의 협력은 사람들이 신체적 향상을 모니터하고 자부심을 가질 수 있게 도와주며, 아마도 전에 그들이 실망감을 느꼈을 수 있는 신체 활동에 대해 기쁨을 줄 수 있다.

피로 감소

운동을 가장 하지 못하게 하는 이유인 통상적인 피곤함에 대한 아이러니한 사실은, 사람들은 피로를 느낄 때 대개 운동을 하고 싶어 하지 않지만 일반적인 피로(질병으로 인한 피로가 아닌)에는 운동이 치유책이 된다는 것이다. 피로를 줄이기 위한 가장 좋은 운동은 적당히 격렬한 10~15분의 걷기이다. 이러한 유형의 운동은 낮은 수준의 신체적 긴장과 높은 수준의 육체적·정신적 에너지의 조합을 특징으로 하는 '차분한 에너지(calm energy)'를 만들어 낸다

---

4) 역자 주: 미국에서 주로 이루어지는 집단 트레이닝의 한 형태. 다양한 도구를 이용한 여러 세션으로 이루어진다.

(Thayer, 2001). 차분한 에너지의 반대는 높은 수준의 긴장감이 특징인 정적인 신체 상태의 '긴장 에너지(tense energy)'로, 이는 유형 A 행동[5]의 전형인 빠른 작업과 효율적인 작업 완료를 돕는다. 그러나 긴장 에너지는 종종 많은 사람이 의사에게 호소하는, 일반적 피로감을 유발시키는 긴장 피로(tense tiredness)로 변질된다(Thayer, 2001).

신체 활동은 스트레스의 또 다른 원인이 되지 않는 한, 피로 회복의 치료제가 될 수 있다(Strahler et al., 2016). 따라서 심리상담사는 스트레스 수준을 모니터링하여 중간에서 낮은 정도의 만성 스트레스 상태에서는 운동을 하고 높은 만성 스트레스 조건에서는 휴식을 취하는 것이 중요하다. 이 수준의 두 구성요소와 LEM의 모든 수준 간에 동적 상호작용이 있음을 기억하라. 동작과 감각은 반대되는 방식으로 작동하지만, 둘 다 몸을 풍요롭게 한다. 몸이 당신에게 하는 말에 귀 기울여 보고, 운동이 더 필요할 때와 긴장 이완 및 휴식을 위해 감각을 사용해야 할 때를 인지하라. 당신의 달력에 10~15분의 걷기 휴식 시간을 미리 계획하여 '차분한 에너지'를 높일 수 있다. 전자기기로 알람을 설정하면 운동을 하게 될 가능성이 크게 높아진다.

---

5) 역자 주: 늘 시간에 쫓기는 초조감을 느끼고 타인에 대해 지나치게 높은 경쟁심과 적개심을 나타내는 행동 특징

리듬 있는 동작

모든 유형의 리듬 있는 동작은 긴장, 스트레스, 불안을 줄이는 데 도움이 될 수 있다(Kinsbourne, 2011; Thayer, 2001). 연구에 따르면, 스트레스를 받고 있는 쥐에게는 씹는 행동과 털 손질 행동이 나타난다. 이러한 종류의 행동은 그들을 진정시키는 데 도움이 되는 것으로 보인다. 스트레스는 뇌의 변연계에서 도파민 회로를 활성화시키며, 너무 많은 스트레스를 받으면 기저핵은 더 높은 피질 시스템에 대한 행동을 제어하여 학습된 행동이 아닌 단순하고 본능적인 행동을 하게 한다. 익숙한 반복 운동은 도파민 효과를 완화시키고 각성 수준을 감소시킨다(Kinsbourne, 2011). 리드미컬한 동작은 또한 소뇌를 활성화시키고 좌골구(Locus Coeruleus: LC)에서 노르에피네프린(norepinephrine)을 방출하여 진정 효과를 갖게 한다. 좌골구는 주의력/각성의 역할을 하는 뇌간에 있는 뇌의 구조이다. 주의력결핍 과잉행동장애(ADHD) 성향을 가진 사람들은 종종 집중력을 높이기 위해 반복적인 동작을 한다. 또한 좌골구는 편도체를 통해 변연계와 연결되어 감정 조절에 중요한 역할을 한다. 많은 사람이 손톱 물어뜯기와 같은 반복적인 또는 리드미컬한 동작으로 긴장이나 불안을 조절하지만, 이 습관을 통제할 수 없기 때문에 종종 좋지 않은 기분을 느끼게 된다. 그러나 사람들이 뜨개질을 하거나 크로셰(crochet)[6]를 하는 등 다양한 종류의 공예활동에 몰

---

6) 역자 주: 코바늘 뜨개질

두할 때 유사한 진정 효과가 있는 리듬이 만들어지며, 이 부드러운 리듬은 섬유를 사용하는 활동을 매우 매력적이고 치료적으로 만드는 여러 특성 중 하나라는 것이 증명되었다(Collier, 2011).

소프트볼을 리드미컬하게 쥐어짜는 것은 스트레스를 감소시키는 것으로 알려져 왔다. 아마 그것은 운동을 통해 번갈아 발생하는 긴장의 증가 및 점진적인 이완 때문일 것이다. 광고에 나오는 '스트레스 공', 점토, 또는 '싱킹 퍼티(thinking putty)'[7]는 일상에서 신속한 스트레스 해소를 위해 사용할 수 있다. 스트레스 공을 사용하는 것은 인지적인 면에도 부수적인 효과가 있다. 킴(Kim, 2015)은 창의적 사고의 두 가지 유형에 있어 부드러운 공 또는 딱딱한 공을 쥐어짜는 것의 차이점을 연구했다. 연구자는 부드러운 공을 쥐어짜면 발산적 사고가 강화된다는 것을 발견했다. 다시 말해, 부드러운 공을 쥐어짜는 것은 참가자가 질문에 대한 다양한 답변을 더 많이 만들어 내도록 도왔다. 대신 단단한 공을 쥐어짜는 것은 참가자가 문제에 대한 하나의 대답을 정하게 하는 수렴적 사고를 증가시켰다.

심리상담사를 위한 메모

일상에서 짧은 휴식을 취하는 동안 스트레스 공을 쥐어짜거나 점토를 가지고 노는 것, 저녁이나 주말에 뜨개질을 하는 것은 모두 스트레스를 줄이고 삶의 신체적 측면을 풍성하게 하는 리드미컬한 방법입니다.

---

7) 역자 주: 고무찰흙 장난감

함께 하는 동작

당신의 삶에 운동 프로그램을 추가하거나 기존의 프로그램을 규칙적으로 만들고 싶다면, 혼자서 해야만 한다고 생각하지 말라. 연구에 따르면, 사람들은 누군가가 자신을 기다리고 있을 때 운동하러 나갈 가능성이 더 높다. 누군가와 함께 신체 활동을 하는 것은 자기효능감이나 자부심을 증가시킬 수 있거나 아니면 단순하게 운동에 대한 동기를 북돋아 보다 쉽게 운동할 수 있게 한다(Plante, Gustafson, Brecht, Imberi, & Sanchez, 2011). 동작의 공유는 댄스 수업, 볼룸 댄스, 치료적 운동, 즉흥 댄스 등을 통해 가능한데, 이러한 것들은 인지 기능, 웰빙 및 삶의 질을 향상시키는 것으로 나타났다(Koch, Kunz, Lykou, & Cruz, 2014; Quiroga Murcia, Kreutz, Clift, & Bongard, 2010; Rehfeld et al., 2017). 레흐펠드(Rehfeld)와 동료들은 최근 18개월짜리 무용 프로그램의 균형 및 뇌의 용적에 대한 효과를 통상적인 피트니스 프로그램과 비교하는 연구를 했다. 프로그램 후에 두 집단 모두 해마 체적의 증가를 보였는데, 이는 기억 기능과 관련된 뇌 영역이다. 그런데 무용 집단은 피트니스 집단보다 이 측정에서 더 큰 증가를 보였고 균형 점수는 더 향상되었다. 연구자들은 무용이 유산소 운동뿐만 아니라 감각 운동 자극을 포함하기 때문에 전통적인 피트니스 프로그램보다는 무용을 하는 것을 더욱 권장했다. 무용은 인지적인 노력이 필요하지만 즐겁다. 사람들은 재미가 있을 때 운동에 참여할 가능성이 더 커진다.

시간은 인생의 중요한 제한 요소이다. 사람들은 너무 바빠서 하고 싶은 모든 일을 할 시간이 없다. 따라서 사람들이 시간을 보내고자 하는 친구 또는 가족과 함께 운동을 계획할 수 있다면, 같은 활동으로 인해 두 가지 혜택을 받게 된다. 더 많은 시간을 쓰지 않고도 두 가지 중요한 것을 얻는데, 하나는 육체적인 것이고 다른 하나는 사회적인 것이다. 반면, 명상을 할 시간이 거의 없다면 홀로 걸으면서 명상을 하는 시간을 갖는 것이 정서적 표현력을 향상시키고(Kim & Ki, 2014) 제한된 시간을 현명하게 사용하는 방법이 될 수 있다. 고로 당신이 사랑하는 사람들과 함께 활동함으로써 당신의 삶에서 동작의 힘을 키우라.

 ## 요약 및 결론

육체적으로 활발하게 활동하는 것은 풍요로운 삶을 사는 데 있어 매우 중요한 부분이다. 규칙적인 신체 운동은 감정적인 노동이 필요한 직업에서 하루 동안 축적되는 스트레스를 풀어 주는 한 방법이다. 규칙적인 운동을 하는 것은 영양가 있는 음식을 먹고 건강한 체중을 유지하는 등 다른 건강 증진 행동에 개입할 가능성이 커지기 때문에 '자기통제의 기적'이라고 불려 왔다. 사람들의 시간과 재원은 제한되어 있으므로 어떤 것 하나에 여러 혜택이 있다는 것을 깨닫게 되면 그것을 더 선호하게 된다. 규칙적인 운동은 스트레스를 줄일 뿐만 아니라 적절한 체중을 유지하게 하고, 수면을 개선하며, 이완과 주의력을 향상시키고, 인지 기능과 기분을 향상시킨다. 친구와 함께 운동을 하면 식이요법을 계속할 수 있는 동기가 생기고(Scarapicchia, Amireault, Faulkner, & Sabiston, 2017) 하기 어렵다는 인식이 줄어들며, 사람들은 특별히 노력한다는 인식 없이도 더 많은 운동을 할 수 있게 된다. 모든 종류의 동작, 특히 크로셰, 뜨개질 또는 기타 공예활동과 관련된 반복적인 동작은 스트레스를 푸는 중요한 출구이다. 활발한 동작이 있는 미술활동은 스트레스를 줄이는 즐거운 방법이 될 수 있다.

규칙적으로 운동하는 모든 연령대의 사람들은 자신이 최상의 건강 상태에 있다고 평가하며 더 큰 에너지와 즐거움을 누릴 가능성이 많다. 많은 건강 증진 효과 때문에 규칙적인 신체 운동은 스트레스 예방접종을 위한 도구가 될 수 있다. 그것은 스트레스, 불안, 우울증을 줄이는 동시에 힘, 에너지, 활력을 증가시킬 수 있다. 동작은 풍요로운 삶과 뛰어난 심리 상담사의 특징인 깊은 샘물을 만들어 내는 기본 요소들 중 하나이다. 규칙적인 운동을 하는 치료사는 도움을 필요로 하는 사람들을 상담하며 필연적으로 맞닥뜨리게 될 스트레스의 영향에 맞서 예방접종을 하는 것과 같다.

 ## 동작과 미술을 통한 성찰

1. 천연 점토로 작업하기: 특별히 무언가를 만들어야 한다는 생각 없이, 저항성이 있으나 유연한 재료를 반죽하고 굴리며 몸을 움직이세요.

2. 야외에서 작업하며, 땅 위에 놓인 큰 종이나 캔버스 위에 액체 페인트를 던져 이미지들을 만드세요.

3. 당신이 사랑하는 누군가와 동작을 공유하는 방법을 찾아보세요. 의미 있는 방식으로 춤을 추고, 함께 자전거를 타거나, 아름다운 자연 환경에서 하이킹을 즐겨 보세요.

자기성찰을 위한 질문

1. 동작이나 운동 전, 중, 후에 당신의 몸은 어떻게 느꼈나요? 활동 후 이완된 느낌을 알아챘나요?

2. 어떤 종류의 규칙적인 신체 운동들이 당신의 삶을 풍요롭게 할 수 있을까요?

3. 당신의 새롭고 체계적인 운동 계획에 어떤 친구나 가족 구성원을 포함시킬 수 있을까요? 그들은 어떻게 영감이나 동기를 더해 주게 될까요? 당신은 어떻게 그들에게 동기를 부여할 것인가요?

패턴 및 루틴을 통한 풍요로운 삶

아마 천국에는 그것을 보고자 하는 이를 위한 하나의 패턴이 있어,
그것을 본 사람은 자신 안의 패턴도 찾게 될 것이다.

－ 플라톤(Plato, 1945, p. 319)

풍요로운 삶의 모델(Life Enrichment Model: 이하 LEM)의 바닥으로
부터 한 단계 올라가면, 한쪽은 패턴과 루틴[1], 다른 한쪽은 감정을
강조하는 중간 단계를 만나게 된다. 이전 장에서 언급했듯이 각 수
준의 두 구성요소 간에는 역관계[2]가 있으므로, 한쪽의 활동이 활발
해지면 다른 한쪽의 활동은 줄어들게 된다. 따라서 LEM 모델의 중
간 단계에 있는 두 구성요소 간의 관계는 친숙한 패턴과 루틴이 불
안이나 분노와 같은 감정을 진정시키거나 없애고 완화시킬 수 있

---

1) 역자 주: 루틴(routine)은 반복적으로 행해지는 일상의 규칙이나 절차를 뜻한다.
2) 역자 주: 정확히는 역U자 모형의 관계를 의미한다.

음을 보여 준다. 또한 두 구성요소 사이의 균형은 루틴이 지루해지지 않고 감정에 의해 활력을 얻도록 하는 역동적인 균형으로 이루어지는 것이 가장 좋다. 성공한 헬스케어 전문가들에 대한 연구에 따르면, 이들은 하루를 마무리하면서 직장 생활에서 가정 생활으로의 전환과 휴식을 위해 신체적 · 정신적 또는 영적인 루틴을 사용한다(Figley & Ludick, 2017; Harrison & Westwood, 2009).

> ### 심리상담사를 위한 메모
> 직장에서 집으로 돌아올 때 마음을 의도적으로 깨끗이 정리하여 업무에서 해방될 수 있는 정신적 루틴을 개발하세요. 좋아하는 음악 주제곡을 듣는 것은 특히 스트레스가 많은 날에 적절할 것입니다. 매일 업무 후에 걷는 것은 하루의 걱정으로부터 신체와 영혼의 정화를 돕습니다.

이 장에서는 세상 안에서 보는 것, 행동하는 것의 패턴과 이러한 패턴과 루틴에 주의를 기울여 삶을 풍요롭게 하는 방법을 알아볼 것이다. 특히 패턴이나 루틴에 집중하는 것이 어떻게 힘든 감정들을 담는 그릇이 될 수 있는가에 대해 설명할 것이다. 조이스 캐럴 오츠(Joyce Carol Oates)가 그녀의 회고록『미망인의 이야기(A Widow's Story)』출간 인터뷰에서와 말한 것과 같이, 루틴은 창의력을 향상시키고 삶을 풍요롭게 할 수 있다.

우리가 살아가는 가정 안에서의 삶－우연한, 혹은 우리가 만든 것이 전혀 아닌－은 우리의 글 쓰는 삶이 가능하도록 돕는다. 우리의 상상력은 예상되는 동료애, 조용하고 예측 가능하고 위안이 되는 루틴에 의해 해방되거나 자극을 받는다(Joyce Carol Oates Writes Memoir of Grief, 2011).[3]

이 장에서는 또한 동형대응(同型對應; isomorphism)의 원리와 그 것이 외부 세계와 우리의 내부 경험 사이의 상호관계를 어떻게 설명하는지를 탐구할 것이다. 마지막으로, 이 장에서는 관계를 개선하기 위한 관계 다양성[4]의 구축과 개발을 다룰 것이다. 만다라를 사용하여 스트레스를 줄이고 차분함을 증가시키는 것과 풍요로운 삶을 위한 선, 패턴, 형태들의 기타 용도에 대해서도 알아본다.

루틴과 패턴의 안락함

LEM이 사람들의 삶에 규칙적인 활동들을 새로 추가하라는 것이 아니라는 것에 주목해야만 한다. 제1장에서 이 책은 '해야 할 일의 목록(to do list)' 추가에 관한 것이 아니라고 한 것을 기억하라. 사람들은 이미 삶을 풍요롭게 하기 위해 많은 노력을 기울이고 있고, 더 주의를 기울여 깊은 관심을 갖고 계속 실행해 나가면 그 힘은 더욱 커질 것이다. 삶은 일상의 평범한 것, 습관적인 것에 의해 얼마든지 풍성해질 수 있다. 인생에서 잘 습득된 패턴과 루틴의 반복은 친숙함 속에서의 안락함을 제공한다. 유아나 아동이 아침이

---

3) 역자 주: 루틴 안에서도 오히려 자유롭게 창의적인 일을 할 수 있다. 흔히 창의성은 혼란스러움에서만 온다고 착각하기 쉽지만, 짜여진 루틴 안에서도 활발해질 수 있다.
4) 역자 주: 어떤 것을 다른 사람의 관점으로도 볼 수 있는 능력

나 저녁 시간의 루틴의 유사성에 어떻게 반응하는지 관찰해 보라. 나의 아이들은 어렸을 때 목욕 후 취침 전 항상 이야기를 들려주는 것을 기대하곤 했다. 그 루틴은 아이들이 부드럽게 잠에 빠지도록 했다. 모든 것이 예측 가능한 순서로 수행될 때 아이들의 행동은 평온을 찾게 된다. 루틴이 깨지게 되면 (부정적인 감정들의 원인이 되는) 불안감과 지장을 일으키는 행동이 촉발된다. 성인들도 비슷하게 일상생활의 익숙한 루틴에 의해 차분해진다(Duhigg, 2014). 토머스 머튼(Thomas Merton)은 행복에 관한 글에서 이 점을 강조했다. "행복은 강렬함에 관한 것이 아니라 균형과 질서 그리고 리듬과 조화에 관한 것이다."(Merton, 1983, p. 127)

루틴은 지나치게 엄격하지 않을 때, 사람들이 모든 행동이나 결정에 의식적 사고가 없이도 일상 속에서 편히 쉴 수 있는 하나의 구조를 삶에 제공한다. 모든 행동마다 의식적으로 생각하는 데 필요할 에너지를 상상해 본다면(아침에 칫솔질하는 것에서 저녁 식사 후 식기세척기에 식기를 넣는 것까지), 루틴은 시간과 에너지를 절약한다. 루틴은 해야만 하는 활동들을 조직화함으로써 사람들이 하고 싶은 일에 더 많은 시간을 투자할 수 있게 한다. 또한 루틴들은 새로운 행동을 기존 행동에 쉽게 추가할 수 있기 때문에 새로운 습관 형성을 돕는다. 강한 습관적 패턴들이 있는 사람들은 완전히 새로운 루틴을 시작하는 것보다 덜한 노력으로 새로운 연결고리들을 추가할 수 있다(Duhigg, 2014). 매일 저녁 비슷한 시간에 수행되는 밤 시간 활동의 친숙함은 신체 시계의 규칙성을 낳고, 이와 같은 취침 시간의 루틴은 수면의 질을 개선한다(Breus, 2006).

동형대응

동형대응(isomorphism)은 수학에서 나온 원리로, 문자 그대로 같은(iso) 모양(morph)을 의미한다. 수학에서는 두 구조적 모델의 모든 요소가 서로 일치할 때 동형대응을 증명한다(Arnheim, 1966). 미술치료에서 동형대응이라는 용어는 사람들이 미술 재료와 과정에 자신을 투사하고 자신들의 예술 작품을 통해 그들이 생각하고 느끼는 것을 나타내는 것을 설명하기 위해 사용되었다. 미술은 아티스트의 내적 삶의 거울과 같은 것이다. 게슈탈트 심리학에서 동형대응은 어떻게 우리 몸들 안에서의 심리적 과정들이 우리 세계의 물리적 과정들과 구조들에 반응하는지를 설명한다(Arnheim, 1966). 환경에 대한 우리의 반응 중 우리 내부에서 일어나는 생리학적인 과정[거울뉴런(mirror neurons)의 작용을 포함해서][5] 때문에 우리는 외부 환경들에 대한 느낌을 내면화할 수 있다. 이것은 풍요로운 삶을 고려할 때, 환경의 디자인적 요소를 인식하는 것이 필수적이라는 것을 의미한다. 물리적 환경은 삶의 질을 높이거나 저하시킬 수 있다. 사람은 주변 환경이 어지럽거나 지저분하면 불안하거나 스트레스를 받게 되는 성향이 있다. 환경이 깔끔하고 잘 정리되어 있다면, 사람들은 그 환경이 주는 느낌에 영향을 받아 차분함을 느

---

5) 역자 주: 거울뉴런은 다른 사람의 행동을 거울처럼 반영한다고 해서 붙여진 이름이다. 특히 특정 동작을 행할 때나 다른 개체의 특정 동작을 관찰할 때 활동하는 신경세포이다. 옆 사람이 하품을 하면 따라 하게 되는 것이나, 영화를 볼 때 주인공이 울거나 슬퍼하면 나도 슬퍼하는 공감 능력, 아이에게 음식을 떠먹이며 같이 입을 벌리는 것 등이 거울뉴런이 반응하는 현상이다.

낀다. 고로 옷장들과 서랍들을 정리하고 공간들과 표면들을 깨끗하게 정돈하는 것은 삶의 질을 향상시키는 비교적 쉬운 방법일 수 있다.

옷장 및 찬장 청소하기 등의 정보에 대한 많은 수요가 있는 것은 확실하다. 저자 마리 콘도(Marie Kondo)가 2014년 10월에 출간한 『정리하기, 삶을 변화시키는 마술(The Life-Changing Magic of Tidying Up)』은 14개월 후 『뉴욕타임스(New York Times)』의 베스트셀러 1위가 되었다. 2년 후에도 이 책은 100주 동안 베스트셀러 목록에 올라 있었다. 분명히 많은 이가 자신의 소유물이 주변 환경에 놓여 있는 방식을 더 기분 좋게 느끼고 싶어 하지만, 규모를 줄이고 잡동사니들을 처리하는 것에는 도움이 필요하다. 미루는 버릇을 없애고 정리를 시작하려면 정리 프로젝트를 시작하는 법에 대한 책을 읽는 것이 도움이 될 수 있다. 친구에게 도움을 청하거나 정리 전문가(professional organizer)에게 전화하는 것이 더 유용할 수 있다. 정리 과정에 제삼자를 참여시키면 사람들이 더 이상 유용하지 않거나 의미가 없는 것들을 분류·저장하고 버리는 작업을 계속해 나가는 데 도움이 될 수 있다.

만다라 채색하기

최근의 컬러링북 열풍이 있기 훨씬 전에, 정신분석가인 카를 융(Carl Jung)과 미술치료사인 조앤 켈로그(Joan Kellogg)의 작업을 바탕으로 한 만다라 컬러링북이 있었다(Fincher, 2000). 만다라

(mandala)는 산스크리트 단어로 '신성한 원'을 의미하며, 이 원형(原型) 형태 안에서 창작하는 것은 집중과 치유의 힘을 주는 것으로 알려졌다. 만다라 채색은 [그림 4](141쪽)와 같이 작고 준비된 원형 디자인을 채우거나 접시 사이즈 원형 견본으로 자유로운 디자인을 만드는 형식을 취할 수 있다. 이 책의 제1장에서 원을 완성하는 것은 만다라 채색의 연습이었다. 원의 형태로 창조하는 것은 문제가 되는 감정을 안전하게 담고 그 주위에 경계를 두어 비위협적으로 만들거나 감정의 영향을 조절 가능한 수준으로 줄일 수 있다. 이 가설을 뒷받침하기 위해 이루어진 많은 연구를 통해, 만다라의 신성한 원 안에서 이루어지는 드로잉이나 페인팅은 스트레스와 불안의 주관적 지표를 낮추고 부정적 기분을 감소시킬 수 있음이 증명되었다(Babouchkina & Robbins, 2015; Curry & Kasser, 2005; Henderson, Rosen, & Mascaro, 2007; Kersten & van der Vennet, 2010; van der Vennet & Serice, 2012). 연구자들은 감정을 담는 것이 다른 기하학적 모양이 아닌 원형의 형태임을 밝히기 위한 연구를 계속해 왔다(Babouchkina & Robbins, 2015).

명상에 도움이 되는 선(線)

스트레스를 줄이고 부정적인 기분을 완화하는 것 외에도, 패턴과 형태의 사용은 명상을 도울 수 있다. 반복적인 방식으로 하나씩 그려진 선은 선(禪) 정원에서 작은 돌을 반복적인 물결 모양의 패턴으로 긁어모으는 동안 불교의 승려가 마음챙김의 순간을 경험하는 것과 같이 현재의 시점에 집중할 수 있도록 한다. 이 반복적인 형태의 선을 사용하는 한 방법으로 젠탱글(Zentangle™)이 있다(Hall, 2012). 기본 젠탱글은 작은 4인치 사각형 안에 진하지 않은 연필로 작은 낙서를 만드는 것으로 시작한다. 젠탱글의 크기에 제한을 두는 것은 드로잉을 다루기 쉽고 명상적이 되도록 하기 위함이다. 그다음 단계에서는 원래 낙서의 선들이 서로 교차하는 공간에 다양한 유형의 선을 추가하게 된다. 선은 직선 또는 곡선, 수평선 또는 수직선, 또는 평범하거나 매우 장식적인 선일 수 있다. [그림 6-1]에서 볼 수 있는 것처럼 그 과정들은 무한하다. 그러나 한 가지 잊지 말아야 할 것은, 드로잉은 특정 물체를 재현하기 위한 것이 아니어야 한다는 것이다. 특정 형태의 재현에 초점을 맞추면 드로잉 경험이 가져오는 명상의 질이 떨어질 수 있다. 젠탱글 프로세스에 관한 책과 수업들은 즐거움과 효과를 증가시키는 데 도움이 된다.

젠탱글의 뒤를 이어 성인을 겨냥한 컬러링북이 잇따라 있어 왔다. 이 컬러링북들은 아동을 위한 것보다 훨씬 복잡한 디자인을 가지고 있으며, 성인들은 아동용 크레용이 아닌 마커 또는 색연필을 사용하여 자유롭게 그림을 완성할 수 있다. 컬러링북의 장점은 스트레스 완화, 명상, 마음챙김, 진정치료(calming therapy), 색채치료, 창의적 치료 및 미술치료로 내세워졌다. 컬러링북들은 확실히 전문적 미술치료를 대체하지는 않는다. 컬러링 기법은 통제된 치료 환경에서 인증된 미술치료사에 의해 이루어지지 않기 때문이다. 그러나 이 장에서 제시된 명상 실습으로서 선과 패턴을 사용하는 다른 방법과 마찬가지로, 이러한 컬러링북 중 일부는 치료

[그림 6-1] 젠탱글: 선들은 명상을 돕는다

적(therapeutic)일 수 있다. 끊임없이 진화하는 디자인으로 종이를 가득 채우는 것은 집중하거나 다른 쓸데없는 걱정과 관심사로부터 머리를 식히는 방법이 될 수 있다. 이러한 기분전환은 색칠하기의 치료 메커니즘으로 흔히 인용되며(Forkosh & Drake, 2017), 중요한 감정 조절법(emotional regulation strategy)으로 가르쳐진다(Liu & Thompson, 2017).

낙서(doodling)는 최근 그 유익한 효과로 많은 언론의 주목을 끌었던 또 다른 유형의 드로잉 활동이다. 다시 말해, 낙서는 미술치료의 특정한 형태는 아니지만 치료적 효과를 위한 예술의 사용에 초점을 맞춘다. 낙서는 집중력과 기억력과 같은 인지적 과정에 긍정적 영향을 줄 수 있다(Andrade, 2010; Brown, 2015; Singh & Kashyap, 2015). 어떤 사람이 말하는 것을 듣는 동안 낙서를 하면 후에 그 내용에 대한 기억이 훨씬 강화되는 것으로 나타났다(Andrade, 2010; Singh & Kashyap, 2015). 린다 배리(Lynda Barry) 교수는 마음의 작용(the working of the mind)에 관한 수업 중 강의에 대한 관심과 기억을 강화시키기 위해 학생들이 강연을 들으며 낙서를 하도록 한다(Barry, 2014). 관찰 기록들은 낙서의 스트레스 감소 효과를 뒷받침한다. 아마도 이 집중하지 않는 드로잉 작업이 디폴트 모드 네트워크(Default Mode Network: 이하 DMN)를 흐트러뜨릴 수 있기 때문일 것이다(Schott, 2011). 이전 장에서 언급했듯이, DMN은 사람들이 활발히 일이나 업무에 빠져 있지 않을 때 작동하는 뇌의 부분이다. 사람들이 바쁘지 않을 때 DMN이 작동하며, 바쁘지 않을 때 사람들은 걱정을 하게 되는 경향이 있다. 낙서는 걱정을 덜어 주고 주의력을 높일 수 있는, 쉽지만 매력적인 작업이다.

패턴과 인식의 공유

표상 다양성

세상을 인식하는 통상적인 방식은 우리에게 안도감을 제공하지만, 누구도 상황을 바라보는 자신의 방식만이 유일하게 옳은 것이라는 완고한 불변의 방식으로 사물들을 보고 싶어 하지는 않을 것이다. 항상 옳아야만 한다는 것은 부정적인 감정을 증폭시키는 인지적 왜곡 혹은 부정확한 사고방식이다(Burns, 2008; De Oliveira et al., 2015). 항상 옳기만을 바라는 사람들은 정의롭지만, 한편으로 타인에게 공격적인 성향 또한 가지게 된다. 세계를 인식하는 새로운 방법을 탐구하고 배양하는 것은 삶을 풍요롭게 하고 우리 관계의 생존을 도울 수 있다. 시간이 지나도 삶의 풍요로움이 계속 지속되려면 다른 사람의 관점에서 사물을 인지하는 능력을 포함하여 경험과 지각 사이의 유연하고 역동적인 균형이 필요하다.

표상 다양성(representational diversity)이란 다른 사람의 관점에서 사물을 보는 능력을 말한다(Hinz, 2009). 사랑하는 사람의 관점에서 사물을 볼 수 있다는 것은 그 사람과의 관계를 풍성하게 한다. 이 인지적 이해가 정서적 이해와 결합될 때, '공감 정확성(empathic accuracy)'이라는 용어를 쓴다. 공감 정확성이란 사람이 다른 사람의 감정과 생각을 얼마나 정확하게 추론할 수 있는지에 관한 것이다(Sened et al., 2017). 관련 연구들은 헌신적이고 장기적인 관계에서 공감 정확성이 커짐을 보여 준다. 사람들이 상대방을 인식하는 데 있어 공감 정확성이 높아지면서 알게 되고 이해되는 깊은 느낌은 관계의 만족도 증가와 밀접한 상관관계가 있다(Sened et al., 2017). 남을 상담하고 돕는 직업에 종사하는 우리에게 내담자와의 공감 정확성을 기르는 것은 중요하다. '절묘한 공감(exquisite empathy)'이라는 용어는 전문 상담실무자가 깊은 공감 정확성과 단단한 경계를 가지고 내담자를 참여시키는 방식을 설명할 때 쓰인다. 내담자와의 단단한 경계 유지는 우리에게 내담자의 정서적 표현을 혼란스럽게 하지 않고 치료적 유대감 속에서 공감을 표현하며 업무를 촉진시킬 수 있다(Harrison & Westwood, 2009).

패턴, 도형, 선은 공감 정확성 및 관계 다양성을 향상시키고 관계를 강화시키는 기본 도구가 될 수 있다. 예를 들어, 두 가지 방식으로 볼 수 있는 그림의 착시 현상을 살펴보면 약식이지만 중요한 관계 다양성을 탐구할 수 있다. [그림 6-2]를 예로 들어 보자. 이 그림은 보는 방식에 따라 아름다운 젊은 여자 또는 못생긴 늙은 마녀로 볼 수 있다. 착시 현상과 같은 중립적이거나 긍정적인 주제에

[그림 6-2] 시각적 착시들은 표상 다양성을 높일 수 있다

대한 대화는 관계 다양성을 증가시키는 연습으로서 대체적·대안적 관점을 취하는 것을 촉진할 수 있다.

또한 사람들이 어떤 것을 (장기간의 점검을 통해) 더 오래 바라볼수록 2차 특성을 알아차리고 인식할 확률이 높아지며, 대상을 피상적으로 힐끗 보는 것으로는 가질 수 없었던 다양한 인식이 가능해진다(Arnheim, 1966). 이 역시 관계에 대한 건강한 조언이다. 반응하기 전에 상황, 사람 또는 사물을 실제로 볼 수 있는 적당한 시간을 가지라. 고려하는 시간을 가지는 것은 반발적이고 감정적인 반응보다는 능동적이고 합리적인 대응을 가능하게 한다. 치료사로서 우리는 내담자들의 행동에 대한 판단을 내리기 전에 우리와 함께 일하고 있는 내담자만의 독특한 요구를 고려할 충분한 시간을 가져야 한다.

파트너의 관점에서 사물을 볼 수 있다는 것은 사람들이 항상 옳아야만 한다거나 불변의 결정권 같은 것을 가져야만 하고 말싸움은 이겨야만 한다는 신념 아래 애쓰는 가능성을 줄일 수 있다. 예를 들어 나의 경험에 비추어 보면, 자녀와 의견이 맞지 않을 때 목소리를 높이면 그들도 소리를 지르게 될 것이다. 만약 내가 논쟁에서 항상 이기고자 고집하면 나의 10대 자녀들은 내 큰 목소리를 마지막으로 들으며 방에서 떠날 것이고, 아이들은 얼마나 내가 나쁜 엄마인지를 되새길 것이다. 내가 목소리를 높이면 스스로 끔찍한 엄마처럼 느껴지고, 곧 내가 의도치 않았던 말과 논쟁에 대해 사과하게 된다. 또 다른 사람의 관점에서 사물과 사건을 보는 것은 사람들이 논쟁에서 꼭 이겨야 한다는 생각으로 인해 말싸움을 일으키고 확대시킬 가능성을 줄인다.

경계 설정하기

선들의 기능 중 하나는 모양, 영역 및 경계를 만드는 구역을 정하는 것이다. 이것은 성공적인 심리상담사의 중요한 특징 중 하나를 보여 주는—풍요로운 삶과 자기돌봄을 위한 시간과 재원을 갖기 위해 직장에서 보내는 시간들에 단단한 경계를 설정하는 능력에 대한—좋은 은유이다(Harrison & Westwood, 2009). 좋은 경계의 설정은 개인의 강점과 한계를 파악하고 사람들이 업무에서 성공할 수 있는 일과를 창안해 내는 것도 포함된다. 초보자들은 직무적 관계와 앞으로 일할 기회를 보장받기 위해 현재의 모든 기회에 대해 '예'라고 말하기 쉽다. 그러나 사람들이 이처럼 많은 작은 약속에 동의하면 매주 일에 너무 많은 시간을 쏟게 되어 여가와 풍요로운 삶을 위한 시간을 거의 잃게 된다.

갑작스러운 요청은 거절하고 자기 자신을 위한 시간을 보호하는 것이 이기적인 것이 아님을 믿는 것은 중요하다. 그것은 필수적인 자기보호(self-preservation)이다. 『불완전함의 선물(The gifts of Imperfection)』(2010)의 저자 브레네 브라운(Brené Brown) 박사는 자애로운 사람들에게 뜻밖에도 단단한 경계가 있다는 것을 주목한다. 그들은 그들의 시간과 재능에 대한 모든 요구에 대해 '예'라고 말하지 않는다. 어떤 요구에 대해 '아니요'라고 말하게 될 때, 그들은 다른 사람들에게 더 진실하고 반향을 불러일으킬 수 있는 '예'를 말할 수 있다. 부적절한 요청을 하는 사람들을 비롯해 도움을 청한 모든 사람을 돕는 사람은 도움을 요청하는 모든 사람, 심지어 진짜 도움을 주어야 하는 사람에게조차 분노를 느낄 수 있다.

우리가 모든 것에 '예'라고 말하면, 부탁은 권리의 요구와 같이 느껴지고, 호의를 갖고 돕는 것이 아니라 내키지 않게 억지로 도와주거나 소진되어 버릴 수 있다. 가족, 친구 및 환자는 그들의 요구가 달갑지 않게 받아들여질 때 (그들의 요구가 받아들여진 경우라 할지라도) 수치심을 느낀다. 경계가 확고하지 않을 때는 모두가 기분 좋지 않게 되어 버린다. 인정 넘치는 도움은 사랑하는 열린 마음에서 비롯되는 것이지, 성난 마음에서 오는 것이 아니다. 치료사가 다른 사람들에게 보내는 시간과 에너지의 양에 좋은 한계를 설정하면, 삶의 풍요로움을 위해 사용할 수 있는 중요한 자원들을 더 많이 가지게 될 것이다(Harrison & Westwood, 2009). 따라서 '아니요'는 자기보호와 최상의 건강에 필수 요소임을 기억하는 것이 중요하다.

설정된 경계선들은 영구적이지 않다. 실제 시간이 지남에 따라 수정될 가능성이 매우 높다. 인생이 요구하는 것의 변화에 따라—반려동물을 키우게 되거나, 결혼하거나, 자녀를 갖거나, 부모가 돌봄을 필요로 할 때나—가정이나 직장에서 보내고자 하는 시간의 양이 바뀐다. 그러므로 중요한 삶의 영역에 새로운 경계 확정 선의 필요 여부를 정기적으로 평가하는 것은 중요하다. 직업, 사회, 가족, 여가, 영성 등 다양한 삶의 측면을 평가하기 위해 신년(달력 또는 학기)이 시작될 때마다 일종의 자기성찰 활동(미술, 글쓰기 또는 둘 다)을 하는 것을 권유하고 싶다. 어느 측면, 어느 것에 더 많거나 적은 시간을 할애할 필요가 있는지에 관해서 말이다.

요약 및 결론

　풍요로운 삶은 사람들이 자신의 삶에 추가할 새로운 활동을 끊임없이 찾아야 함을 의미하지 않는다. 인생에서 친숙한 패턴과 루틴은 사람들에게 위안을 준다. 유연한 루틴은 일일이 모든 결정을 생각할 필요가 없기 때문에 사람들이 긴장을 풀고 에너지를 절약할 수 있는 일상적인 구조를 제공할 수 있다. 그것들은 우리가 더 잘 자고, 더 잘하게 되고, 진정되고 편안하게 느끼도록 환경을 조성한다. 루틴들은 우리 생활에서 기존의 단단한 패턴에 하나의 요소를 추가할 수 있게 됨으로써 새로운 습관을 보다 쉽게 형성할 수 있게 도와준다.[6] 예술의 패턴과 루틴은 우리가 부정적인 생각들을 흩뜨려 버리거나 봉쇄하여 현재 순간에 집중하게 함으로써 긴장 완화나 명상을 도울 수 있다. 소중한 사람과 패턴과 인식을 공유하면[7] 사랑하는 사람의 관점을 이해하며 삶을 풍요롭게 할 수 있다. 이러한 유형의 공유는 관계를 향상시킬 뿐만 아니라 더 견고하고 오래가게 한다.

　패턴과 루틴은 치료사가 직장에서나 개인적인 관계에서 좋은 경계를 만들고 유지할 수 있도록 도와준다. 훌륭한 치료사가 되려면 공감 정확성을 갖추어야 한다. 상담사는 다른 사람의 감정을 정확하게 감지하고 적절하게 대응할 수 있어야 한다. 공감 정확성의 개발에 요구되는 집중과 몰두에는 정신적 · 신체적 에너지가 필요하다. 단단한 경계는 치료사가 자신의 에너지를 내담자에게 적절히 그리고 적당히 자신에게 쏟을 수 있도록 도와준다. 적절한 경계가 정해지면 치료사가 정교한 공감을 키울 수 있는 가능성이 높아지며, 컴패션 피로(compassion fatigue)나 일하면서 초래될 유해한 상황들이 감소한다.

---

6) 역자 주: 운동을 한 뒤에는 따뜻한 차를 마시는 것 등
7) 역자 주: 노인의 그림을 보고 인식의 차이를 논하는 것 등

패턴 및 루틴과 미술을 통한 성찰

1. 30cm×46cm 크기의 드로잉 용지에 연필로 원형 접시의 윤곽을 그리세요. 눈금자를 사용하여 원 안에 정사각형을 만들고 정사각형 안에 삼각형을 만드세요. 원하는 다른 기하학적 모양을 추가한 다음 마커, 색연필 또는 파스텔로 패턴에 색을 칠하세요.

2. 작은 드로잉 용지(일반 종이, 15cm×23cm)에 임의의 모양이나 선으로 시작한 다음 반복되는 선과 모양을 추가하여 개인적인 낙서를 그리세요.

3. 작은 정사각형 종이(10cm×10cm)에 느슨한 획으로 빠른 낙서를 하세요. 일부 선들이 서로 교차하도록 하세요. 교차선에 의해 생성된 공간에서 반복적으로 자유로운 유형(수평, 수직, 곡선)의 선을 추가하세요. 모든 공백이 채워질 때까지 다른 획들(스트로크)을 반복하세요.

4. 용기 뚜껑을 종이에 대고 일곱 개의 원을 그리세요. 다가올 하루에 대한 희망(아침 만다라) 또는 지나간 하루에 대한 느낌(저녁 만다라)을 담아내는 작은 자유 만다라를 일주일 동안 매일 같은 시간에 만드세요.

 ## 자기성찰을 위한 질문

1. 당신이 만든 만다라에 색을 칠할 때 어떤 신체 감각을 느꼈나요? 그 활동에 깊이 몰두했나요? 채색 후 이완된 느낌을 받았나요?

2. 유익한 유튜브 비디오 또는 20분의 테드 토크(Ted Talk)를 들으며 낙서를 해 보세요. 낙서가 당신의 평상시 주의집중 과정에 어떤 영향을 미쳤나요? 당신의 청취 경험들을 풍부하게 하기 위해 낙서를 당신의 하루에 어떻게 포함시킬 수 있을까요?

3. 당신이 하루마다 하나의 작은 만다라를 완성했다면, 하루를 풍요롭게 했던 경험에 대해 무엇을 알아차렸나요?

4. 매일 직장에서 가정으로의 성공적인 전환을 위해 할 수 있는 신체적 · 정신적 또는 영적 루틴을 생각해 보세요. 음악, 자연 또는 미술이 그 루틴의 의미 있는 부분들을 구성할 수 있나요?

감정을 통한 풍요로운 삶

그런 삶의 순간들이 있다. 마음에 감정이 가득 차 우연히 흔들릴 때,

조약돌처럼 부주의한 말이 깊이 던져져 마음은 넘쳐흐르고,

비밀은 물처럼 바닥에 뿌려진 채 다시 원래대로 주워 담을 수 없는.

– 헨리 워즈워스 롱펠로(Henry Wadsworth Longfellow, 1884, p. 212)

스위스의 정신과 의사이자 정신분석가인 카를 융(Carl Jung)에 따르면, "감정은 의식을 이루는 모든 것의 주요 근원이다. 감정이 없이는 어둠은 빛으로, 냉담함(apathy)은 행동으로 바뀌지 않는다"(Jacobi, 1961, p. 32). 나는 이 인용문이 긍정적인 변화를 위한 감정의 필요성을 잘 묘사한다고 생각한다. 감정은 생명을 구하는 신호들이 될 수 있으므로 이러한 중요성을 부여하는 것은 온당하다. 이 장에서는 어떻게 정서적 경험의 다양한 측면이 생명을 구할 뿐만 아니라 삶을 풍요롭게 할 수 있는지에 대해 탐구해 볼 것이다.

감정을 통해 삶을 풍요롭게 하는 것은 단순히 우리가 경험하는 긍정적인 감정의 양을 늘리는 것이 아니라, 모든 감정을 아울러 친구가 되어 살아가는 힘을 구성하고 에너지를 주는 중요한 것으로 여기는 것이다. 감정들은 우리의 욕구에 대한 중요한 정보를 제공하고 의사결정을 북돋는다. 그것들은 사람들이 개인적이거나 직업적인 삶에 경계를 정하는 것을 돕는다. 마지막으로, 긍정적인 감정들은 훌륭한 심리상담사의 회복탄력성을 증진시키는 심리적 자원들을 구축한다.

제3장에서는 풍요로운 삶의 모델(Life Enrichment Model: LEM)의 두 번째 수준이 대뇌 변연계(the limbic system) 또는 포유류의 뇌(the mammalian brain)라고 불리는 뇌 영역에서의 활동에 해당한다고 설명했다(Lusebrink, 2004, 2010; MacLean, 1985). 뇌의 변연 구조는 포유류들과 인간들이 주변 환경의 잘 알려지지 않은 패턴들을 분석하고 그에 상응하는 정서적 신호들로 반응하게 한다. 패턴의 유사점들은 현상의 유지를 확인시켜 준다. 유사성은 예상한 대로의 환경이기에 감정의 경보 신호는 발생하지 않는다. 이전에는 볼 수 없었던 패턴들—형태, 선, 모양 및 색상의 불일치들—은 감정의 신호들을 이끌어 낸다. 왜냐하면 이러한 변화들은 생존의 기회 혹은 위협을 뜻하기 때문이다. 또한 동물이나 인간이 루틴을 깨거나 예기치 않게 행동하면, 공동체 구성원들은 이 예상되거나 패턴화되어 온 행동의 변화에 의해 경계 또는 스트레스 상태가 된다. 이 변화는 목격자로 하여금 새로운 반응들을 하도록 촉구한다. 따라서 변연계는 환경으로부터의 긴급한 메시지와 그 환경에서의 행동 사이의 중재자로서 기능하게 되는 것이다.

감정의 목적

　감정들은 진화론적으로 전해져 내려온 것으로 증명되었고, 생명을 구하는 위협이나 기회의 신호로서의 감정은 모든 문화의 사람들에게 '탑재된(hardwired)' 것으로 유년기부터의 특정 표정에 의해 식별할 수 있다(Ekman, 2007). 새로운 연구의 흥미로운 결과에 따르면, 개인적으로나 문화적으로 학습된 것은 우리가 알아 온 것보다 감정의 지각에 훨씬 더 영향을 미칠 수 있다(Feldman Barrett, 2017). 감정의 발달에 학습이 중요한 역할을 한다는 사실은 인간이 감정이 생겨날 때 다르게 반응하는 법을 배울 수 있는 능력이 있음을 의미한다. 제3장에서 언급했듯이, 풍요로운 삶의 특징 중 하나는 정서적인 신호에 대해 자동적으로 응답하고 반응하기보다 신중하게 반응하는 것을 배우는 것이다. 그리고 타고난 것이든 학습에 따른 것이든, 여섯 가지 기본 감정[분노(anger), 슬픔(sadness), 공포(fear), 행복(happiness), 흥미(interest)/놀라움(surprise), 혐오(disgust)]은 보호 신호(protective signal)로서 작용한다(Ekman, 2007; Goleman, 2005).

　가장 일반적으로 논의되는 감정 신호의 예는 공포이다. 공포는 환경에 위협이 있음을 나타낸다. 그것은 동물이나 사람에게 생명을 구하기 위해서는 싸우거나, 달아나거나, 꼼짝 않고 있거나, 기절하라는 신호를 보낸다(Bracha, 2004; Ekman, 2007). 다른 다섯 가지 기본 감정 또한 비슷한 방식으로 기능한다. 그것들은 위협이나 기회의 존재를 시사하며 삶을 보호하기 위한 행동들을 촉구한다. 우리 서구 사회에서 대부분 사람들의 신체가 일상적으로 위협받지는 않지만, 사람들은 여전히 환경의 패턴을 분석하고 그들이 인식하는 것을 기반으로 감정 신호를 보내고 받는 능력을 유지한다. 셀리그먼(Seligman, 2011)에 따르면, 현대 사회에서 부정적인 감정들의 목적은 우리에게 위험에 대해 경고하는 것인 반면, 긍정적인 감정들의 목적은 사회적 · 심리적 자원, 즉 자신과 타인과의 관계들을 견고히 하기 위해 끌어낼 수 있는 유익한 상태들과 특성들의 저장소를 구축하는 것이다.

긍정적인 감정 늘리기

모든 인간은 진화하며 순응하고 문화적으로 영향을 받는 부정적 편견을 가지고 있어 긍정적인 것들보다 부정적인 요소들에 더 치중하게 된다(Rozin & Royzman, 2001; Seligman, 2011). 해로울 것 같은 것에 주의를 기울이면 위험을 피할 수 있기에 사람들은 부정적인 편견에 순응하게 된다. 부정적인 편견의 단점은 실망감, 절망감, 우울감과 같은 감정들을 증가시킬 수 있다는 것이다. 감정에 의한 삶의 풍요로움의 한 측면은 기쁨, 흥미, 자부심, 사랑과 같은 긍정적인 감정들을 사려 깊게 증가시키는 것이다. 연구에 따르면, 이러한 긍정적인 감정들은 단순하면서도 효과적인 수단들을 통해 향상될 수 있다(Seligman, 2011). 긍정적인 감정들은 문제에 대한 능동적인 해결책을 생각하고 이러한 해결책에 따라 행동할 수 있는 능력을 넓힘과 동시에 사회적 · 지적 · 신체적 자원들을 구축함으로써 사람들의 삶을 풍요롭게 한다(Fredrickson, 2001).

마틴 셀리그먼(Martin Seligman)의 책『플로리시: 긍정심리학의 웰빙과 행복에 대한 새로운 이해(Flourish: A Visionary New Understanding of Happiness and Well-being)』에 따르면, 긍정적인 감정을 크게 증가시키는 한 가지 방법은 '오늘은 무엇이 왜 잘 되었는지'를 되짚어 보고 적어 보는 것이다. 무엇이 잘 되었는지에 포커스를 맞추는 것은 비관적인 관점에서 자아와 세상과 미래를 보는 내적 경향에 반대한다. 사람들이 관심의 초점을 긍정적인 것으로 바꿀 때, 대체로 낙관적인 내적 현실을 구성하는 것이 가능하다. '잘 된 것(what went well)'에 집중함으로써 발생하는 이 긍정적인 구조는 강력하고 오래 지속되는 항우울제의 효과를 가지고 있다(Seligman, 2011).

긍정적인 감정을 높이는 또 다른 방법은 감사에 관심을 집중하는 것이다(Hanson & Hanson, 2018; Lambert, Fincham, & Stillman, 2012). 지난 몇 년 동안 감사에 대한 연구의 폭발적인 증가는 감사의 느낌들을 기록하는 것이 긍정적인 감정뿐만 아니라 주관적인 웰빙의 지속적인 느낌과 신체 건강의 지표들을 증가시키는 것임을 보여 주었다(Emmons & McCullough, 2003; Jackowska, Brown, Ronaldson, & Steptoe, 2016; Lambert et al., 2012; Nezlek, Newman, & Thrash, 2017). 감사의 느낌들을 키우는 가장 일반적인 방법은 감사 일기를 쓰는 것이다. 이는 어느 것이 감사한지에 대한 빠른 하루의 기록(스케치 또는 목록), 산문이나 시 형식의 주간 일기, 또는 감사 방문(gratitude visit) 형식일 수 있다. 감사 방문은 당신의 삶에 중요한 긍정적인 영향을 끼친 사람에게 감사 편지를 쓰고 개인적으로 편지를 읽어 줄 약속을 정하는 것이다(Seligman, 2011). 이 모든 활동은 탄력성을 키우고 사람들이 삶을 풍요롭게 하는 개인적이고 긍정적인 자원들을 확대하고 구축할 수 있도록 한다.

감정의 공유

오늘날의 세상에서 감정 경험은 일반적으로 생명을 구하지는 않는다. 생명들이 매일 위협받지는 않음에도 불구하고 사람들은 계속 감정들을 경험한다. 오늘날 감정의 기능은 생명을 구하는 것이 아니라 중요한 관계들을 구하는 것이다. 활동을 공유하는 것이 사람들을 단순히 함께 모이게만 한다면, 감정들을 공유하는 것은 유대감을 강화하고 관계를 깊게 만든다. 몇 년 동안 내가 누군가와 함께 일할 수는 있지만 그 사람을 좋은 친구로는 여기지 않을 수 있다. 함께 일한 경험만을 공유했기 때문이다. 내가 동료와 스트레스, 기쁨 또는 두려움을 공유하고 주고받을 때, 우리의 관계는 우정으로 발전할 수 있는 기회를 갖게 된다. 나아가 중요한 관계의 맥락에서 사람이 감정(긍정적이든 부정적이든)을 공유하지 않으면 관계가 더 가까워지지 못하거나 각자 멀어질 가능성이 높아진다 (L'Abate, 2016).

심리상담사가 중요한 감정적 반응, 특히 두려움, 분노 및 슬픔과 같은 부정적인 감정을 공유하기보다 억제하는 것은 일반적으로 남을 보살피는 역할을 하는 사람은 이러한 감정을 경험하면 안 된다는 것을 암묵적으로 인식하기 때문이다. 치료사들이 그들의 일에 대해 부정적인 감정을 경험할 때, '약한' 것으로 인식될 것으로 예상하는 수치심은 타인과의 감정 공유를 막을 수 있다(Bilodeau, Savard, & Lecomte, 2012). 또한 치료사가 어두운 감정을 드러내지 않는 가족이나 문화에서 성장했다면 오래전부터 배워 온 습관대로 그것을 나누지 않을 수도 있다(Greenspan, 2003). 더욱이 치료사들은 대개 민감하고 직관력이 있다. 그들은 자신의 이야기가 타인에게 언제 부정적인 감정을 일으키는지를 알 수 있으며, 시간이 흐르며 점점 일에서 감정적인 면들의 공유를 꺼리게 된다. 고로 그들은 다른 사람들에게 거짓 자기(false self)—다른 사람들이 접하고 싶어 한다고 믿는 자기—를 보여 준다. 그러나 거짓 자기는 거짓이며, 이 거짓 안에 사는 시간 속에서 그들의 중요한 관계는 얕아지고 충족되지 않는다. 감정을 내면화하는 이유가 무엇이든, 그러한 습관은 치료사의 효율성을 방해하고 개인의 정신 및 신체 건강에 해를 끼칠 수 있다(Hollis, 2008; Rogerson, Gottlieb, Handelsman, Knapp, & Younggren, 2011). 표현되지 않은 슬픔은 우울증이 될 수 있다. 내부의 두려움은 편견과 분노로 변할 수 있다. 표현되지 않은 절망은 무감각과 중독에 대한 욕구로 이어질 수 있다(Greenspan, 2003).

심리상담사가 되는 것의 영향에 대한 모든 연구에는, 지지적 슈퍼비전과 사회적 관계들이 삶을 풍요롭게 하는 연습들의 주요 요소들로 언급되어 있다(Figley & Ludick, 2017; Malinowski, 2014; McCormack & Adams, 2016; Newell et al., 2016; Turgoose & Maddox, 2017; Želeskov-Dorić et al., 2012). 직무에 관한 정서적 반응들을 공유할 신뢰할 만한 멘토 또는 동료가 있으면 문제가 되는 감정을 식별, 이해, 표현, 해결하는 데 필요한 거리를 확보할 수 있다. 지지적 관계의 맥락에서는 임상 업무를 수행함으로써 때로 유발되는 힘든 감정들의 성장 가능성을 발견하는 것이 가능하다.

감정의 조절

문자 그대로 의미하는 바에도 불구하고[1] 감정 조절에는 감정을 통제하기 위한 규칙이나 지침이 포함되지 않는다. 감정 조절은 감정의 목적을 이해하고, 필요할 때 감정에 접근할 수 있고, 경험이 있는 감정을 식별하고, 감정을 적절하게 표현하고 진정시키는 이러한 모든 요인 사이의 복잡한 관계에 대한 방대한 영역의 학습이다(Goleman, 2005; Gross, 2014; Lomas, Hefferon, & Ivtzan, 2014). 감정 조절의 각 측면은 직업의 능력과 개인적인 관계를 향상시킬 수 있다. 치료사들이 감정의 목적을 신호들로 이해하게 되면, 그들은 임상 작업에 대한 반응으로 느끼는 감정이 무엇이고 어떻게 생성되는지에 대해 더 궁금해질 수 있다. 이 호기심은 훌륭한 임상의가 되기 위해 필요한 자기성찰을 불러일으킬 수 있다. 감정의 경험이 의식적일 때, 치료사들은 그들의 욕구를 더 잘 인식하고 만족시킬 자신감을 가질 수 있다.

심리상담사로서 일하는 목적 중 하나는 긍정적인 미래의 약속을 위한 공간을 확보하며 미지의 세계로의, 과거의 고통으로의 여행을 내담자와 함께하는 것이다. 이 깊고 개인적인 작업은 무수한

---

1) 역자 주: 조절을 의미하는 regulation은 규제라는 뜻도 있다.

감정을 불러일으키고, 이전 장에서 보았듯이 패턴과 루틴은 사람들의 고통과 함께 일하는 과정에서 발생하는 감정적 반응들을 진정시키는 건설적인 방법을 제공할 수 있다. 심리상담사는 의도적으로 육체적·정신적 또는 영적 루틴을 사용하여 휴식을 취하고 업무 후에 집으로 전환할 수 있다(Figley & Ludick, 2017; Harrison & Westwood, 2009). 계획된 직장으로부터의 전환은 임상가가 스트레스가 많은 업무 날 마지막에 일들을 뒤로하고 가족 구성원으로서 성공적으로 재진입하여 재교류할 수 있게 한다.

소아과 병원에서 미술치료사로 일했던 나의 예전 학생은 만성 질환을 가진 아동들과 그 가족을 대상으로 한 치료로 인해 정서적으로 고갈되었고 이차적 외상 스트레스를 경험했다(Gibson, 2017). 그녀는 남편과 세 자녀와 함께 지내고 싶었지만, 종종 질병과 죽음을 기억하고 슬픔을 다시 경험하며 감정적으로는 직장에 갇혀 있는 느낌이 들었다. 그 치료사는 직장에서 집으로의 전환 방법으로 시각 저널을 사용하기로 결정했다. 매일 업무가 끝날 무렵, 그녀는 30분 동안 두 페이지(한 페이지는 그림, 한 페이지는 글)의 저널을 작성했다. 그녀는 이 루틴을 자신의 감정을 담는 용기로 사용하여 그것들이 직장에 남아 가족의 생활에까지 흘러들지 않도록 했다. 그녀는 시각 저널을 사용한 지 몇 주 후에 이차적 외상 스트레스 증상이 현저히 줄었고, 가족과 더 많은 교류를 할 수 있게 되었다.

다음은 정서적인 후유증 없이 감정을 보관하고 직장에서 집으로의 전환에 도움이 되는 시각 저널을 성공적으로 활용한 다이애나 깁슨(Diana Gibson)의 조언입니다.

저널을 직장의 개인적이고 안전한 장소에 보관하세요. 동료들에게 업무 시간의 마지막 즈음 어느 때(업무 후, 집으로 돌아가기 전)에 그림을 그리고 글을 쓰는 시간을 가질 것이고 방해하지 말 것과 응답하지 않을 수도 있다는 것을 알립니다. 당신의 시간을 사적이고 방해받지 않는 시간으로 유지할 수 있도록 부탁하세요. 꾸준히, 30분 동안 창작하고 쓰세요(Gibson, 2017).

시각 저널 또는 기타 수단들을 통해 일어나는 정서의 억제는 정서적 고통을 줄이는 데 도움이 되고 효과적일 수 있지만 극단적인 경우 구획화(compartmentalization)[2] 또는 고통스러운 감정의 거부로 이어질 수 있다. 감정의 구획화는 직업에서의 어려운 상황에서 효과적인 대응의 가능성을 떨어뜨릴 수 있다(Rogerson et al., 2011). 치료사들은 여러 가지 다른 이유로 상담을 시작하게 되는데, 그중 일부는 무의식적이고, 충족되지 않은 개인적인 욕구나 자신들을 더 잘 이해하려는 욕망 혹은 그들 자신의 문제를 통해 일하려는 욕구와 관련이 있을 수 있다(Kottler, 2017). 상담이나 치료에서의 도전적인 상황에서와 같이 감정들이 높아져 있으면 무의식적 욕구들과 욕망들이 행동에 영향을 주어 내담자들에게 의도치 않은 해를 입힐 수 있다. 일에서의 어려운 상황들은 항상 합리적이고 순차적

---

2) 역자 주: 자신의 행동이 자신의 평소 주장 및 가치와 불일치할 때 둘을 마치 별개인 것처럼 구분 짓는 것

인 과정들만을 따르는 생각들을 힘들게 한다. 이러한 생각들은 의 도치 않은 감정, 편견 및 휴리스틱(heuristics)[3]에 의해 영향을 받는 다. 따라서 임상가들은 자기성찰의 훈련에 참여하고, 행동하기 전 감정과 습관의 성향을 이해하는 데 시간을 들이면, 판단의 오류를 피할 가능성을 높일 수 있다(Hollis, 2008).

감정과 의사결정

치료사들은 휴리스틱과 편견들에 의해 영향을 받을 수 있는 판 단과 그 결과의 행동을 인식하는 것이 가장 중요하다. 휴리스틱과 편견들은 의사결정과 문제 해결에 신속하고 강력하며 무의식적으 로 영향을 미치는 심리적 지름길(mental shortcut)과 습관적 사고방 식으로 묘사되어 왔다(Rogerson et al., 2011). 휴리스틱과 편견은 관 습적인 사고방식이기 때문에, 종종 실행 전에 사고되지 않는다. 그 것들은 자동적이다. 그것들은 효율적이고 신속한 의사결정을 가능 케 한다. 전통적인 신념들은 행동에 영향을 미치는 휴리스틱의 한 유형이다. 나는 전통적인 기독교 신념으로 묘사된 것에 속한다고 자인하는 간호사, 치료사, 성직자들과 함께 일해 왔고, 이 신념체계 안에서 그들은 자기돌봄을 이기적인 것으로 특징지었다. 그들은 '그것이 그리스도인이 해야 할 일'이기 때문에 언제나 생각 없이 다 른 사람들의 요구를 일관되게 우선시했고, 오래지 않아 자신들이

---

3) 역자 주: 어떤 판단이나 선택을 할 때 이성이나 분석보다는 경험 기반의 고정관념이 나 편견, 부족한 정보에서의 즉흥적인 직관 및 직감으로 이루어지는 의사결정 방식

고갈되어 억울해했다. 그들은 결국 기쁨이 아닌 의무로 다른 사람들을 돌보는 경험을 하게 되었다. 또 다른 유형의 심리적 지름길은 이름에서 알 수 있듯 정서와 관련된 감정 휴리스틱(affect heuristic)이다. 업무에서 감정 휴리스틱은 어려운 상황을 채색하는 강한 감정이 의식적인 조언 없이 의사결정에 빠르고 강력한 영향을 미친다. 사람들은 자신의 동기를 유발한 논리를 이해하는 대신, 불편함을 이해하지 못한 채 불편한 감정을 빨리 줄이는 결정을 신속하게 내린다(Rogerson et al., 2011). 강한 감정이 생길 때 속도를 늦추고 숙고하면 감정 휴리스틱에 대응할 수 있다.

창의성을 통한 자기성찰은 임상 작업과 관련된 정서적 요소를 더 잘 이해할 수 있게 한다. 치료사가 자신의 감정을 식별하고 이해하고 의미 있는 방식으로 표현하는 시간을 가질 때, 개인 생활과 전문가로서의 생활은 풍요로워진다. 하루 동안 경험한 감정에 반응하여, 치료사들은 그러한 감정들을 담고 표현할 이미지를 만들 수 있다. 나는 우울증과 자살 충동에 빠진 내담자와 일할 때 나의 감정과 생각들의 반응을 표현하기 위해 [그림 5]와 [그림 6](142쪽)의 이미지를 만들었다. [그림 5](142쪽)의 혼합 매체 이미지는 청년이 자신의 소망과 죽음에 대해 이야기하고 그렸던 세션 이후에 만들어졌다. 죽음의 전령으로서 나의 까마귀 이미지는 그의 슬픔과 자기파괴적인 충동에 공감하는 데 도움이 되었다. 티켓 조각은 그를 살리려는 절박한 소망의 표현을 애원하는 "이 쿠폰을 보관하세요."라는 메시지와 함께 추가되었다. 두 번째 이미지([그림 6], 142쪽)는 이 젊은이를 향한 나의 희망에 대한 (나에게) 치유적인 표현으로서, 첫 번째 이미지에 대한 응답으로 만들어졌다. 까마귀는 지성과 회복력으로도 유명하다. 까마귀는 변화, 유연성, 적응력의 상징으로 여겨진다. 이 이미지를 만든 나의 의도는 우리의 협력을 통해 건설적인 방식으로의 변화가 이루어질 수 있다는 것을 확고히 하려는 것이었다.

또한 악기를 연주하거나 음악을 듣는 시간을 내는 것은 힘든 경험에서의 감정 톤을 관리하는 방법이 될 수 있다. 루드(Ruud, 2013)는 사람들이 웰빙을 위해 의도적으로 음악에 참여하는 여러 가지 방식에 대해 발표했다. 저자는 음악을 중요한 사회적 · 정서적 자원으로서의 효과와 감정 조절에 작동하는 방식 때문에 '문화 면역원(文化 免疫原; cultural immunogen)'이라 명명했다.

심리상담사를 위한 메모

다양한 감정 상태와 감정의 필요에 맞는 노래 재생 목록을 만드세요. 슬퍼할 때 당신을 응원할 노래, 동기가 부여될 때 당신을 나아가게 할 수 있는 노래, 행복한 기분에 맞는 노래, 생산적인 방식으로 분노를 불러일으키는 노래들이 여기에 포함될 수 있습니다.

음악뿐만 아니라 마음챙김 명상, 글쓰기, 슈퍼비전, 신뢰할 수 있는 동료 또는 멘토와의 대화, 개인적 치료, 미술 감상 등을 통해 자기통찰은 권장될 수 있다. 미술을 감상하는 것은 수동적인 일이 아니라, 감상자가 예술가가 의도한 것을 취하고 시각적 · 인지적 · 정서적 · 정신운동적(psychomotor)인 모든 유형의 정보를 처리하면서 나타나게 되는 능동적인 것이다(Chatterjee, 2015). 미술은 감정을 탐구하고, 식별하고, 공유하고, 표현하기 위해 그것을 초대하는 부드러운 방법이 될 수 있다. 앞에서 언급한 각 활동은 감정을 중요한 자기이해의 원천으로 받아들이면서 삶을 풍요롭게 할 수 있다. 이러한 창조적인 정서 활동은 에너지를 소모하지 않고 오히려 증가시킬 수 있다.

 ## 요약 및 결론

치료사들이 삶의 어려운 과도기에 있는 내담자들과 동반할 때, 쌓여 가는 감정들의 성향은 감정을 이해하고 표현하지 못하는 잠재적이고 부정적인 영향들을 수반한다. 그러나 감정의 축적이 치료사들에게 꼭 해로운 결과를 가져오는 것은 아니다. 심리상담사는 어려운 임상 작업의 맥락 속에서도 회복탄력성의 기술을 개발할 수 있다. 연구자들은 트라우마 상담사들이 불가피하게 대리외상을 경험하지 않고도 대리 회복력(vicarious resilience)을 개발할 수 있음을 발견했다. 대리 회복력은 내담자의 회복력에 노출되는 것이 치료사의 개인적 성장에 긍정적인 영향을 미치는 상태이다(Edelkott, Engstrom, Hernandez-Wolfe, & Gangsei, 2016). 대리 회복력의 요소들에는 치료사의 자기인식과 세계관의 변화, 영성(靈性)의 향상, 자기돌봄 노력에 대한 새로운 헌신, 치료적 관계에 대한 수정된 견해가 포함된다. 치료사들이 대리 회복력을 경험할 때, 치료적 관계에 대한 그들의 새로운 관점은 결점에 초점을 둔 것보다 훨씬 더 강점에 근거하게 된다. 또한 그 관계는 치료사의 책임으로 보지 않고 내담자가 주도하는 것으로 간주된다. 이 모든 요소는 치료사의 삶의 일과 목적에 대한 풍부하고 낙관적인 견해와 일치한다.

감정을 통한 풍요로움은 기쁨, 관심, 감사, 사랑과 같은 긍정적인 감정을 증가시키는 것을 의미한다. 또한 그것은 이해하고 표현하기 어려운 더 어두운 감정을 일으키는 경향이 있다. 감정들의 식별, 그것들 사이의 구별, 그것들의 기능 이해, 정확하고 건강한 감정 표현의 학습은 감정이 풍부한 삶을 사는 데 필요하다. 감정을 통한 삶의 풍요로움은 감정이 의사 결정과 행동에 무의식적으로 영향을 미치는 것이 아니라 감정이 제공하는 에너지를 사려 깊게 수용하는 것을 뜻한다.

연구에 따르면, 임상 작업을 수행함으로써 유발되는 강한 감정들에 직면하는 치료사들은 종종 윤리적 의사결정에 참여할 때 무의식적인 인지적 지름길과 편견에 기본적으로 의존한다. 따라서 치료사들은 자신의 감정에 어떻게 접근하는지, 어떻게 감정을 성찰하여 이해를 높이는지, 어떻게 적절하게 의사소통을 하고, 적합하게 완화시키는지의 방법을 이해해야 한다. 시각 저널 쓰기는 임상 작업 과정에서 발생하는 감정의 식별, 이해 및 표현을 촉진하는 데 도움이 되는 기법 중 하나였다.

감정 표현과 미술을 통한 성찰

1. 매주 한 주 동안 특히 감사한 것에 대한 이미지를 만들거나, 목록을 쓰거나, 시를 쓰는 감사 저널을 시작하세요.

2. 당신을 믿거나, 격려하거나, 멘토링한 사람에게 감사 편지를 쓰세요. 이것은 당신이 충분히 감사함을 표현하지 못한 사람이고 방문하여 편지를 읽어 줄 수 있는 사람이어야 합니다. 편지가 완성되면, 그 사람을 만나 감사함을 나눌 날짜를 정하세요.

3. 내담자와 관련된 감정적인 상황에 응답하여 이미지, 노래, 시 또는 다른 유형의 글을 창작해 보세요. 예술이나 글쓰기는 자신이 느끼는 것이 무엇이고 당신의 웰빙에 어떤 적절한 대응이 필요할지를 성찰하는 데 도움이 될 수 있습니다. 회복의 욕구를 표현하기 위한 두 번째의 응답 이미지를 만드세요. 신뢰할 수 있는 친구, 동료, 슈퍼바이저 또는 치료사와 당신의 미술을 공유하면 자신의 삶과 미술의 메시지에 대해 더욱 깊게 이해할 수 있습니다.

자기성찰을 위한 질문

1. 당신은 자신의 삶에서 생겨나는 긍정적인 감정을 넓히고 쌓는 시간을 갖나요? 하루 중 잘 된 일에 대해 어떻게 더 잘 감사를 나누거나 축하할 수 있을까요?

2. 신뢰할 수 있는 슈퍼바이저, 멘토 또는 동료와 전문적인 업무에 대한 느낌과 생각을 정기적으로 공유할 시간이 있나요?

3. 감정에 관한 자기성찰을 위해 이미 규칙적으로 실천하고 있는 것이 있나요? 어떻게 되어 가고 있나요? 이것을 잘 향상시켜 당신에게 보다 도움이 될 방법이 있을까요?

[그림 ①] 감각의 아름다움을 공유하기

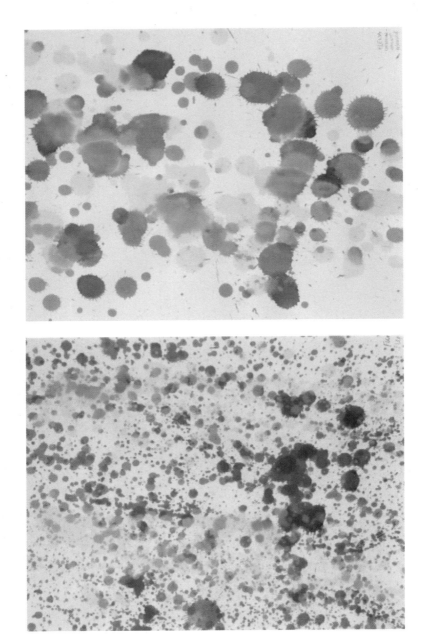

[그림 ②] (위), [그림 ③] (아래)
동작과 스트레스 완화 수단으로서의 미술

[그림 ④] 스트레스 해소를 위한 만다라 컬러링

[그림 ⑤] [그림 ⑥]

이미지를 통해 표현된 감정

[그림 ⑦] [그림 ⑧]

콜라주: 일과 삶의 균형 평가하기

[그림 ⑨]
동물과의 만남:
무시되지 않을 까마귀

[그림 ⑩]
콜라주:
창의성을 키우기 위한 것

[그림 11] 경외심과 감탄의 콜라주

지성을 통한 풍요로운 삶

> 우리의 지성을 강화시키는 유일한 방법은 우리의 마음을 언제나 열어 두고,
> 마음이 모든 생각을 위한 큰 길이 되게 하는 것이다.
>
> – 존 키츠(John Keats, 1899, p. 405)

　우리가 수행하는 거의 모든 활동이 뇌 전체의 조화로운 작용의 결과임에도, 연구들에 따르면 복잡한 정신적 과정은 특수한 영역의 분리된 기능들로 나뉠 수 있다(Caeyenberghs & Leemans, 2014). 고로 풍요로운 삶의 모델(Life Enrichment Model: 이하 LEM)은 정교한 대뇌 과정을 크게 좌뇌와 우뇌의 뇌 기능 구분으로 나눈다. LEM의 지성적 구성요소는 계획, 문제 해결, 의사결정, 인과관계 사고, 만족 지연을 포함하는 좌반구의 실행 기능과 관련이 있다. 이 두뇌 기능은 느리고 노력을 필요로 하며, 이 구성요소의 다른 쪽에 위치한 뇌의 우반구에 있는 빠르고 직관적인 과정과 대조된다. LEM은

지성적 구성요소가 우리가 정보를 가지고, 처리하고, 표현하는 몇 가지 중 하나일 뿐이라는 것을 잊지 않도록 시각적으로 상기시켜 준다. 이 장에서는 제9장에서 논의하는 우뇌 프로세스와의 역동적인 균형을 이루기 위해 좌뇌의 활동을 향상시키는 것을 다룬다.

좌뇌의 인지 과정은 언어 지향적이고 순차적이며 논리적인 경향이 있기 때문에 교육 시스템에서 강조된다. 이러한 사고방식은 풍성한 삶을 사는 데 필수 불가결하다. 순차적 사고(linear thought)를 활용한다는 것은 사람들이 일련의 사건을 생각하고 행동의 결과를 판단하여 합리적으로 계획하고 대응 과정을 준비함으로써 그들이 통제할 수 있는 사건을 원활하게 운용할 수 있음을 의미한다. 좌뇌 프로세스를 사용할 때 사람들은 상황의 도전에 대한 주도적 대응을 차분히 준비할 수 있다. 이 장에서는 어떻게 논리적 사고가 더 이상 현재 삶의 상황에 적응하지 못하는 인식들을 바꾸어 대체할 수 있게 하고, 삶을 풍요롭게 하는 새로운 특성과 행동에 대한 확신을 높이게 하는지를 탐구한다. 어떻게 자기대화와 내적 서사(internal narrative)의 질적 변화가 풍요로운 삶을 만들 수 있는지와 사려 깊게 사용되는 좌뇌 프로세스가 어떻게 사람들이 자신의 일에서 의미를 찾아내고 전문가로서의 만족도를 높이는 것을 돕는지가 설명된다. 마지막으로, 이 장에서는 여가 활동들이 다양한 지적 탐구를 통해 우리의 삶을 풍요롭게 하는 방식들을 설명한다.

생각 바꾸기

자기서사의 긍정적 측면 높이기

모든 사람은 삶의 사건들을 설명하는 자기서사(self-narratives) 또는 내적 인생 이야기를 만든다. 지노(Ginot, 2012)에 따르면, 자기서사는 단지 자신에 대한 믿음이 아니라 '독특한 감정의 톤, 육체적 감각, 인지, 암시적이고 명백한 애착 추억을 가진 전체 스키마 혹은 자아의 상태(self-state)'이다(p. 60). 이와 같이 자기서사는 본질적인 것과 세부적인 것들로 가득 차 있으며 변화하기 어려울 수 있다. 그러나 풍요로운 삶을 살기 위해서는 현재 삶의 이야기에서 스스로를 제한하는 측면들을 검토하여 조정하는 것이 필요하며, 그것은 우리를 단지 생존하는 삶이 아닌 번창하는 삶으로 이끌게 될 것이다. 이미지들을 사용하면 사람들이 '우울증'이나 '자폐증'과 같은 진단 증상 세트로 사람들을 격하시키는 '꼬리표로 닫힌 사고(label locked thinking)' 또는 언어 지향의 꼬리표에서 벗어날 수 있다. 이미지를 사용하면 묘사적 사고가 늘어나고 무력하게 만드는 자기묘사나 자기낙인(self-stigma)을 줄이거나 제거할 수 있다(Grandin & Panek, 2013). 미술은 더 이상 우리에게 도움이 되지 않는 과거의 믿음을 점검하고 변화시키기 위해 사용될 수 있다(Steele & Kuban, 2012). 미술은 어린 시절의 사건을 재구성하고, 대리외상(vicarious trauma)이나 직업적 소진(professional burnout)의 영향을 점검하며, 개인적 가치와 강점에 대한 투자에 집중하여 삶의 풍요로움을 향상시킬 수 있다.

　인생 이야기를 탐구하고 확장하여 변형시키는 한 가지 방법은
그림으로 인생선(lifeline)을 만들어 보는 것이다. 이것은 중요한 삶
의 사건들이 칸 안에 묘사되어 하나의 스토리 보드 또는 책으로 묶
이는 만화 또는 그래픽 노블(만화소설)이 될 수 있다(Barry, 2014).
또한 인생선은 실제 펜의 선 긋기로도 만들어질 수 있다. 이 펜으
로 선 긋기는 출생을 의미하는 종이의 왼쪽에서 시작하여 인생을
통틀어 겪은 오르내림을 거쳐 종이의 오른쪽으로 이동한다. 그래
프의 중요한 최고치와 최저치들은 단어들과 이미지들로 기록될 수
있으며, 그래프에 수반되는 이야기들이 작성될 수 있다. 지난 장에
서 밝혀진 바와 같이 타고난 부정적인 편견이란 대부분의 사람이
긍정적인 것보다 부정적인 사건에 더 많은 비중을 두는 경향으로
고통스럽고 스트레스가 많았던 사건이 자신의 인생 이야기에 부
당하게 영향을 미칠 수 있음을 의미한다. 인생선 그림은 만든 이가
부정적인 사건과의 심리적인 거리를 확보하여 새로운 관점으로 볼
수 있게 해 준다. 이 거리는 만든 이가 안 좋은 경험을 보다 추상적
이고 덜 개인적인 것으로 볼 수 있게 하여 자신의 이야기에 의도적
으로 변화를 위한 여유를 만들어 낸다. 인생선 그림을 성찰함으로
써 사람들은 오히려 부정적인 사건들을 통해서 길러진 자신의 힘
을 인식함과 동시에 궁극적으로 중립적이고 긍정적인 삶의 사건들
에 더 많은 비중을 둘 수 있게 된다.

자기확인 높이기

자기확인(self-affirmation)은 '심리적 면역 시스템'의 필수적인 부분으로 묘사되어 왔는데, 이는 개인이 자신만의 자아감(sense of self)을 강화하고 도전에 대처하기 위해 내적인 자원을 불러낼 때 발생한다(Gilbert, Pinel, Wilson, Blumberg, & Wheatley, 1998). 자기확인은 사람들이 자신의 핵심 가치와 대표 강점을 성찰하고(Harris, 2011) 확고함, 자기통제, 건강한 습관과 같은 긍정적인 특성을 강화시키는 과정이다. 자기확인은 사람들이 현재의 활동이 장기적인 이익에 미치는 영향을 통해 자신의 삶을 더 넓게 보고 더 효과적으로 생각할 수 있는 능력을 갖게 할 수 있다(Harris, 2011). 사람들이 장기적 성과들에 더 많이 투자하면 건강한 행동과 해로운 행동을 구별하고 건강한 행동을 선택할 가능성이 더 크다. 길버트 등(Gilbert et al., 1998)에 따르면 자기확인의 간단한 방법은 핵심 가치 목록을 정렬한 다음, 왜 이것이 가장 중요한 가치가 있고 이 가치가 언제 행동을 이끄는 중요한 역할을 하는지를 담은 최고 가치에 대한 에세이를 작성하는 것이다.[1] 핵심 가치들과 대표 강점들을 성찰하기 위해 시간을 내는 것은 사람들에게 자신의 고유한 성격 특성들을 평가하고 불우한 삶의 경험을 재구성하여 삶에 대한 몰입과 풍요로움을 전반적으로 향상시킬 수 있다(Seligman, 2011).

예전 내담자였던 조앤(Joan, 가명)은 그녀가 평생 돌본 알코올 중독 어머니의 성인 자녀였다. 조앤은 아버지가 집을 떠난 11세부

---

1) 역자 주: 핵심 가치는 의리, 우정, 사랑, 건강 등이 될 수 있다.

터 음식을 만들고 집 청소를 했다. 그녀는 밤마다 어머니의 잠자리를 돌보고, 홀로 된 외로움에 우는 어머니를 위로했다. 조앤은 27세 때 슬픔과 그녀의 인생 상황 안에 갇힌 느낌을 받고 치료를 받으러 왔다. 대학원에 등록하고자 하는 그녀의 계획은 접수원 일을 하며 막혀 있었고, 업무 시간을 빼앗는 대학원 진학이나 새 아르바이트로 옮김으로써 상사를 실망시킬 수는 없었던 그녀는 더욱 상황에 갇히게 되었다. 앞에 제시한 자기확인 활동에 몰입하게 되면서 조앤은 자신이 인생 초기에 개발했던 결심, 끈기 및 자기통제에 감사할 수 있었으며, 이는 대학원에 지원하고 졸업하는 데 큰 도움이 되었을 것이다. 그녀의 강점을 깨닫는 것은 대학원 지원을 마치고, 커리어 목표의 변화를 상사와 소통하며, 그녀의 인생을 살아가는 것을 향해 내딛는 첫걸음이었다.

자기자비 개발하기

2003년에 심리학자 크리스틴 네프(Kristin Neff)는 불교의 자기자비 개념을 서양의 심리학에 도입한 이후로 전문가들과 대중의 관심을 받았다. 자기자비(self-compassion)는 타인의 자기평가에 의존하는 자기존중(self-esteem)과는 다르며, 자기평가(self-evaluation)나 자기판단(self-judgment)과 주로 관련된 자기존중(self-respect)과 자기효능(self-efficacy)과도 다르다. 네프(2003, p. 87)에 따르면, 자기자비는 다음과 같다.

자신의 고통과 회피하거나 단절되어 있지 않고 맞닿아 열려 있어, 고통을 완화하고 친절함으로 자신을 치유하려는 욕구를 유발한다. 또한 자기자비는 자신의 고통, 부족한 점 및 실패에 대한 비판단적 이해를 갖게 하여 자신의 경험이 더 큰 인간 경험의 부분으로 보이도록 한다.

자기자비는 평소보다 훨씬 더 친절한 시각과 방식으로 자기대화 방식을 택하는 자기와 대면하며 서로 영향을 미치는 방식이다. 많은 사람은 모질게 비판하고 실수를 비난하며 책망하는 부정적인 내부의 목소리를 가지고 있다. 이 용서하지 않는 '내부 비평가(inner critic)'의 부정적인 자기대화 특성이 지속적으로 흐르면, 새로운 경험이 억제되고 심리적 성장은 저해될 수 있다(Stone & Stone, 1993). 자비로운 내면의 목소리를 키우는 것은 내부 비평가를 막고 친절하고 걱정하는 목소리로 바꾸어, 진정시키는 자기대화를 이끌어 내는 효과적인 방법이다. 친절함이 있는 곳으로부터, 삶은 새로운 가능성들로 가득하다(Hanson & Hanson, 2018).
자기자비의 세 가지 요소는 ① 친구와 대화할 때와 같이 염려와 관심으로 자신과 대화하기, ② 모든 사람이 실수를 저지르는 것을 알고 부적절한 인식에 근거하여 자신을 가혹하게 판단하지 않기, ③ 부정적인 사건을 그 외의 좋은 삶에서의 단지 하나의 사건일 뿐이라는 것을 인식하는 관점으로 보기이다. 자기자비는 심리적·육체적 건강과 상호관계가 있다. 자비로운 내면의 목소리를 키우는 것은 새로운 경험에 대한 개방성을 높이고, 안전하고 지지하는 사회적 관계를 구축하며, 자신감 있는 자아를 포함하여 자신의 세계관을 넓히는 것으로 나타났다(Barnard & Curry, 2011). 자신감, 지지하는 관계, 호기심은 풍요로운 삶의 중요한 측면이다.

의미의 고양

삶의 질을 높이기 위해서는 의미에 대한 인식(sense of meaning)을 갖고 사는 것이 필수적이다(Seligman, 2011). 사람들이 자신의 삶을 의미 있게 만들기 위해 사용하는 전형적인 의미 만들기 시스템은 세 가지 요소로 구성된다. 첫째, 의미 있는 삶은 일관성과 지속적 가치 또는 자신에 대한 이해에 의해 정의된다. 의미 있는 삶은 우리의 이치에 맞는 삶이다. 우리는 왜 그것이 우리에게 중요한지 알고 있으며, 이러한 지각된 것들이 우리를 인도한다. 둘째, 의미 있는 삶은 사람들이 계속 집중하는 목적와 목표로 특징지을 수 있다. 마지막으로, 중요한 가치를 아는 것은 우리 삶에서의 의미를 창출한다. 자신이 살고 있는 삶이 자기 자신, 지역사회 및 세상에 걸쳐 두루 중요하다고 생각해야 한다(Martela & Steger, 2016; Park, Currier, Harris, & Slattery, 2017). 일관성, 방향, 중요한 가치가 자신의 직업을 말한다고 느끼는 것은 어려운 일의 여러 잠재적 해로움을 능가하는 목적의식과 풍요로운 삶의 인식을 제공한다. 의미와 목적은 훌륭한 치료사를 지지하는 심리적 자원과 영성의 깊은 샘물을 보충하는 데 도움이 되는 두 가지 요소이다. 실제로 의미 형성에 관여하는 능력은 외상후 스트레스 장애(post-traumatic stress disorder)보다는 외상 후 성장(post-traumatic growth)과 관련이 있다(Seligman, 2011).

심리상담사로 일함에도 이차적 외상 스트레스(secondary traumatic stress), 컴패션 피로 및 소진을 겪을 수 있지만, 이러한 취약한 증상들이 미리 정해진 결과물은 아니다. 삶의 의미가 발달하고 내면화되는 것은 외상 후 성장을 뒷받침할 수 있다. 셀리그먼(Seligman, 2011)은 사람들이 역경으로부터 성장한 상황에 대해 회고하고 글을 써 보라고 제안한다. 외상 후 성장을 고려해 볼 때, ① 대인관계가 어떻게 향상되었는지, ② 자신에 대한 시각이 어떻게 향상되었는지, ③ 삶의 철학이 어떻게 변화했는지의 세 가지에 초점을 두는 것이 유익하다. 불행한 경험이 새로운 세계관에 수용될 수 있고 심리적인 성장이 일어날 가능성을 증가시키기 때문에 좌반구를 통한 활발한 고찰, 노력을 필요로 하는 사고가 장려된다. 그렇지 않으면 신중한 생각 없이 해로운 경험을 기존의 세계관에 동화시켜 성장 가능성을 제한하게 될 것이다(Forgeard et al., 2014).

사람들은 힘겨운 삶의 경험을 통해 신중하게 찬찬히 생각한 후 친구 및 가족과의 관계에 대해 더 큰 감사를 느끼고 그 관계들에서 더 큰 친밀감을 원한다고 한다. 그들은 스트레스에 직면할 때 더 현명하고 더 뛰어난 능력과 탄력성으로, 더욱 긍정적인 빛으로 자신을 인식한다고 말한다. 마지막으로, 외상 후 성장을 한 사람들은 각 경험이 주는 것에 특별히 감사해하며, 자신의 삶을 더 사려 깊고 감사히 대한다고 자주 말한다(Joseph, Murphy, & Regel, 2012; Tedeschi & Calhoun, 1996).

직장 생활에 대해 깊은 의미를 두고 있는 사람들은 자신의 업무가 '일을 하는 것' 또는 '경력을 쌓는 것'을 넘어서 소명을 받는 것으로 확장된다고 믿는다(Kelley & Kelley, 2013; Smith, 2016). 그들의 일상 업무는 지속적으로 그들의 전문 지식에 도전하고 발전을 향해 나아가게 한다. 동시에 그들은 최상의 결과를 위해 일에 숙달하게 된다(Csikszentmihalyi, 2008). 활기를 주는 직장 생활을 하는 사람들은 자신의 고유한 장점과 능력이 활용되고 인정받는다고 생각한다. 그들의 일은 의미 있게 그들의 삶을 풍요롭게 한다. 성취할 뚜렷한 목표들과 시도하고 평가하고 변경하고 재실행하는 문제 해결 전략들이 있다. 도전을 받는 상황임에도 불구하고 그들은 일을 잘 수행함으로써 유능함, 능숙함, 활력을 느낀다(Csikszentmihalyi, 2008). 관련된 직업 훈련 및 양질의 평생교육 과정을 포함한 지속적인 전문성의 개발은 이러한 직업 성취도를 향상시킬 수 있다(Harrison & Westwood, 2009). 풍요로운 삶을 사는 사람들은 의미 있는 직업의 맥락에서 지식과 기술이 성장하고 있는지 확인한다. 그렇게 함으로써 그들은 자신의 일에 더 만족할 뿐만 아니라 개인 생활에도 더욱 만족한다고 자평한다(Molino, Ghislieri, & Cortese, 2013).

업무 만족도를 유지하려고 하는 사람들은 일과 삶의 균형을 만족시켜야 한다. 대부분의 문화에서 일과 삶의 균형은 삶의 만족도와 직업 만족도 둘 다에 긍정적인 영향을 준다(Haar, Russo, Suñe, & Ollier-Malaterre, 2014). 치료사는 자신이 통제할 수 없는 업무적 측면이 있을 수 있다는 점을 기억하고, 업무 외의 활동 및 이벤트로 삶을 풍요롭게 하는 방법과 함께 변화할 수 있는 측면에 중점을 두는 것이 중요하다. 또한 치료사들은 다양한 생활의 요구에 따라 일과 삶의 균형이 변화한다는 점을 명심해야 한다. 만족스러운 일과 삶의 균형을 유지하려면 개인적 및 직업적 요구의 변화에 대한 정기적인 평가가 필요하다. 미술을 이용하는 것은 다양한 역할과 만족도를 점검하는 한 가지 방법이다. [그림 7]과 [그림 8](142쪽)은

한 여인이 그린 두 개의 이미지이다. [그림 7](142쪽)의 이미지는 일과 삶이 통제에서 벗어나고 있다는 그녀의 느낌을 보여 주었다. 시간이 빨리 지나가 버려 그녀는 아이들과 즐기지 못했다. [그림 8](142쪽)은 자녀와 함께하는 즐거운 시간을 늘릴 수 있도록 더 나은 일과 삶의 경계를 만든 그녀의 결심을 보여 준다. 두 번째 이미지는 더 나은 경계의 구현과 더 나은 균형의 경험을 향한 첫걸음이었다.

직업에서의 호기심과 학습

어떤 새로운 것을 배우는 것은 인지적으로 삶을 풍요롭게 하는 활동으로, 전문적인 기술들을 풍부하게 하고 경력에서 파생되는 의미를 높이기 위한 평생교육의 형태로 일어날 수 있다. 이것은 혁신과 영감을 갖춘 멘토를 찾을 기회일 수 있기에 추가적인 훈련이나 지도를 기꺼이 받기도 한다.

직장에서 새로운 기술이나 직무를 수행함으로써, 당신은 당신의 직업을 다른 방향으로 자연스럽게 이동하여 커리어에 변화를 줄수 있다. 첫 번째 직업인 루이빌 대학교 학생상담센터의 임상심리사였던 나는 미술치료 프로그램의 학생들을 슈퍼바이징하는 책임을 맡았다. 상담센터의 어느 누구도 이전에 미술치료 학생을 슈퍼바이징한 적이 없었지만 나는 새로운 기술을 배울 수 있는 기회에 관심이 있었고 미술치료 전문가가 아닌 사람들에게 정기적인 슈퍼비전을 제공한 미술치료 교수에게 감사했다. 미술치료 슈퍼바이징에 대한 경험은 나의 삶을 바꾸어 놓았다. 나는 미술치료 분야에 매혹되어 추가 교육을 받기 위해 대학원으로 돌아갔다. 3년 후 나는 공인 미술치료사가 되었으며, 매일 나의 직업으로 인해 풍요롭게 되었다.

최근에 누군가 미술치료 내담자들과 함께 일하며 내가 가장 좋았던 변화의 순간 중 하나가 무엇이었는지 물었다. 어떤 순간이 나머지 순간에 비해 특별히 두드러지지 않았지만 번뜩 떠오른 것 하나는 이 직업이 내가 처음 배울 때와 마찬가지로 오늘날에도 계속 나를 매혹시키고 풍요롭게 한다는 것이다. 그것은 내가 그 부수적인 책임들의 기회를 잡지 않았다면 가능하지 않았던, 새롭고도 친숙한 장소에서 가르치며, 배우고, 성장하고, 여행할 수 있는 기회를 제공한다.

여가와 취미

배우는 것이 꼭 전문적인 교육만으로 제한될 필요는 없다. 그것은 삶을 풍요롭게 하는 여러 다른 영역에서도 동등하게 일어날 수 있다. 나는 라이프스타일 의료기관에서 일하며 사람들에게 그들의 취미에 대해 물어본 결과, 유일한 여가 활동이 텔레비전 시청인 사람들을 흔히 접해 왔다. 많은 사람이 왜 업무 외의 관심사와 그것의 방법까지 개발해야 하는지에 대해서는 의아해한다. '왜'냐는 질문에는 쉽게 대답할 수 있다. 취미들은 배움의 기회를 늘린다. 호기심 있고 활동적인 마음은 풍요로운 삶의 중요한 측면이다. 연구에 따르면, 활동적인 학습 단계에서 뉴런의 구조가 바뀌고, 뉴런 사이의 시냅스 수가 증가하며, 새로운 뉴런 연결이 성장하는 신경 가소성이 발생한다. 뇌의 모든 구조적 변화는 뉴런이 정보를 더 빨리 보내고 받을 수 있게 한다. 따라서 당신은 인지적으로 더 예리하게 느끼게 된다. 외국어를 배우거나 악기를 배우는 것은 알츠하이머의 발병을 상쇄하는 것을 포함하여 삶을 매우 풍요롭게 하는 인지적인 이점들과 관련이 있다(Bak, Nissan, Allerhand, & Deary, 2014; Levitin, 2007). 연구에 따르면, 평생 지속적이고 적극적인 학습을 하는 사람들은 스트레스에 더 잘 대처하고 자존감이 높으며 희망과 목표를 더 잘 표현할 수 있다. 자기주도학습의 목표를 설정하면 목적 지점에 도달할 때 성취감을 갖게 된다(Seligman, 2011). 따라서 새로운 기술을 배우고 새로운 취미를 키우면 신체적·정신적·정서적으로 유익하고 뚜렷한 풍요로운 삶을 살 수 있다.

'어떻게'의 질문—어떻게 취미를 발전시키는가?—에는 대답하기가 좀 더 어려우나, 나는 자주 사람들이 젊었을 때 즐겼던 취미에 다시 빠지는 것을 고려해 보도록 한다. 직업 또는 대학 준비 과정을 택하는 고등학교 이전, 6학년 때 무엇을 하는 것을 좋아했는가? 학문적 선택들은 종종 학습 과정뿐만 아니라 외부 관심사의 이후 방향에도 초점을 두게 된다. 당신은 사는 것과 과제로 바쁜 나머지, 깜박 잊어버린 심심풀이용 놀이가 있는가? 당신이 한때 사랑했던 것은 근본적으로 당신이 누구인가와 관련이 있을 수 있다. 당신은 자전거 타기, 악기 연주, 크로셰 또는 카약을 좋아했는가? 취미로 당신의 삶을 풍요롭게 하는 한 가지 방법으로서 그러한 것들 중 하나를 다시 시도해 보라.

그릿의 계발

그릿(grit)은 성공한 사람들을 특징짓는 열정과 인내의 조합으로 정의되는 기질이다(Duckworth, 2016). 연구 결과에 따르면, 성공한 사람들은 목표를 설정하고 달성하는 데 지속적으로 노력할 수 있는 학문적 또는 정서적 지능 이상의 능력이 있다. 성취감은 웰빙과 크게 관련이 있으며(Seligman, 2011), 그것은 아마 성취가 자존감을 키우기 때문일 것이다. 확고한 자존감은 풍요로운 삶의 또 다른 필수 요소이다. 더크워스(Duckworth)에 따르면, 그릿을 개발하는 것은 '성장 사고방식(growth mindset)'을 갖거나 변화가 가능하다고 믿는 것과 관련이 있다. 성장 사고방식을 가진 사람은 실수가 고정된 상태가 아니라는 것을 알고 실수로부터 배운다. 더크워스는 그릿을 만들기 위해 사람들이 정기적으로 하나의 '어려운 것(hard thing)'을 연습하기를 권장한다. 이 과제는 어려운 것이기에 실패를 불러오지만, 지속적인 노력을 통해 향상되는 것이다. 그릿과 자신감을 키우기 위해서는 자기성찰을 위한 시간을 따로 가져야 하므로 실패를 분석하고 성공을 내면화할 시간을 가지라.

학습의 공유

새로운 기술이나 내용을 배우는 것은 종종 수업이나 형식적인 코스를 통해 이루어진다. 강의들을 찾으려면 지역 커뮤니티 칼리지, 전문적인 네트워크 또는 커뮤니티 센터에서 코스 목록들을 볼 수 있다. 그러나 공식적인 수업들이 배움에 꼭 필요한 것은 아니다. 친구들이나 동료들은 배움과 연관된 연구, 강의 및 토론에 동등하게 기여하는 격식에 얽매이지 않는 스터디 그룹을 구성할 수 있다. 북클럽들은 회원들이 책을 통해 배운 내용을 공유하고 토론하기 위해 만난다. 북클럽들은 모든 회원이 만나 읽은 책에 관해 토론하는 것이 일반적이다. 대안적인 북클럽들에서는 각 회원이 공유된 주제에 대해 각자 다른 책들을 읽은 것을 토론한다. 아이디어들을 토론하고 다른 사람들에게 도전하는 것은 창의력을 자극하고 웰빙을 증진시킨다. 다른 사람들과 함께 배우는 것은 공통의 관심사들에 기반한 관계들을 강화시키며 새로운 활동에 참여하는 동기를 부여하는 좋은 방법이 될 수 있다.

 ## 요약 및 결론

이 장에서는 다음 장에서 설명될 우반구 과정과 역동적으로 균형을 이루는 좌반구 인지 과정을 강조했으며, 이것은 삶을 풍요롭게 하는 가장 복잡한 유형의 경험들이다. LEM의 지성적 구성요소에 중점을 두면 다양한 유형의 실행 기능 기술(executive functioning skills)을 개발할 수 있다. 좌반구 과정을 통해 자기서사를 다시 평가하고 긍정적인 측면을 강조할 수 있다. 전형적인 자기서사를 바꾸고 자기확인에 관여하면 선천적인 부정적 편향을 줄이고 자기제한적인 신념들을 줄일 수 있다. 자비로운 내면의 목소리를 키우면 자기수용과 자신감이 높아질 수 있다. 자신을 향한 친절과 염려로부터 오는 것이 자기연민이나 자기방종이 아님을 기억하는 것은 중요하다. 그것은 사람들이 낯선 경험들에 부끄러워하기보다는 오히려 도전할 수 있도록 한다. 스스로 초래하는 부정성을 줄이는 것은 삶을 풍요롭게 하는 아이디어와 경험에 새로운 차원의 개방성을 갖게 할 것이다. 다양한 학습 경험은 일이나 여가 그리고 그릇을 증가시키고 나아가 개인 성장을 촉진하는 '하나의 어려운 것'을 통해 일어날 수 있다.

지성적 요소로 일하면 긍정적인 강점들을 식별하는 데 도움이 되고 미술과 표현적 글쓰기는 그것들의 발달을 촉진할 수 있다. 당신의 직업적 삶이 주는 보상과 도전에 대한 성찰은 심리상담사로서 일하는 것의 잠재적 악영향을 넘어서는 의미를 함양하고 목적에 대한 인식을 덧붙일 수 있다. 치료사로서 자신의 역할과 책임을 확인하고 신중하고 사려 깊게 점검하는 것은 여러 도전에 대처하기 위해 필요한 내부 자원들의 개발 증진에 도움이 될 수 있다.

지성과 미술을 통한 성찰

1. 긴 종이의 왼쪽에서 당신의 탄생부터 시작하여 인생의 기복을 통해 종이의 오른쪽으로 이동하는 인생선(lifeline)을 그리세요. 단어들과 이미지들로 두드러진 최고점과 최저점을 표시하고 그래프에 곁들여 묘사된 삶에 대한 이야기를 쓰세요. 긍정적인 사건보다 부정적인 사건에 더 치중하는지 그리고 당신의 인생 이야기에 대한 이러한 해석을 어떻게 바꿀 수 있는지 스스로에게 자문해 보세요. 자신에 대한 자비로운 목소리를 높이는 것이 변화의 일부가 될 수 있을까요?

2. 당신이 선택한 직업과 일의 장단점을 보여 주는 콜라주를 만듭니다. 장점보다 단점에 더 치중되어 있다면, 다른 일자리를 찾아야 할 때인가요? 그렇다면 더 긍정적인 방향으로 나아가기 위해 어떤 행동을 취할 수 있을까요? 당신은 장점 측면의 콜라주를 발전시켜 다음 일자리를 나타내는 두 번째 이미지를 만들어 보거나 현재 일의 직무 내용(job description) 외에도 생각해 볼 수 있는 역량 중심의 이력서를 만들어 볼 수 있습니다.

3. 어렸을 때 가장 좋아했던 것들 중 하나를 표현하는 이미지를 만드세요. 만든 이미지를 성찰해 보며, 당신이 사랑했었던 그 활동과 다시 친해질 방법을 생각해 보세요.

 자기성찰을 위한 질문

1. 당신의 주요 가치 목록의 순위를 정한 다음, 그것이 가장 중요한 가치인 이유와 그 가치가 행동을 이끄는 데 중요한 역할을 했던 때를 담고 있는 최고 가치에 대한 에세이를 작성하면서 자기확인(self-affirmation)을 해 보세요.

2. 당신의 성취감을 높이기 위해 자랑스럽게 이루어 낸 것에 대해 쓰고, 그것을 하면서 증명된 당신의 기술들과 능력들에 대해 자세히 설명해 보세요.

3. 의미에 집중하기 위해, 직업적으로나 개인적으로 당신이 역경으로부터 성장한 시기에 대해 써 보세요. 세계, 자신, 당신의 중요한 관계들에 대한 당신의 견해가 어떻게 그 경험에 의해 풍요로워졌는지를 꼭 포함해 보세요.

상징주의를 통한 풍요로운 삶

단어의 가장 높은 수준의 개념은 상징에 의해서만 전달될 수 있다.
- 새뮤얼 테일러 콜리지(Samuel Taylor Coleridge, 1853, p. 266)

　풍요로운 삶의 모델(Life Enrichment Model: LEM)에서 '상징적 사고'는 우리가 보통 대뇌 우반구 과정으로 생각하는 것을 뜻한다. 제8장에서는 좌반구 과정들이 언어 지향적이고 논리적인 것임을 설명했다. 그 과정들은 고정되고 단일한 의미를 나타내는 성향의 사실적인 정보들을 다룬다. 우반구의 과정들은 유동적이며 다중적인 의미를 포함할 수 있는 정보들을 다룬다. 부가하여 이러한 과정은 사람들이 무언가의 전체적 의미, 심지어는 여러 계층의 의미까지도 즉시 파악할 수 있기 때문에 총체적이라 묘사된다. 그것은 사람들이 상징들의 사용을 통해서 간단하고 효율적으로 많은 양의 정보를 정리하도록 도울 수 있다. 우뇌 사고는 순차적이고 논리적인 방식보다는 직관적인 방법으로 의미를 이해하게 한다. 지성과 상징주의는 역동적인 균형을 이루어 정보, 지식, 지혜를 제공한다.

상징적 사고는 정서적이며 영적이다. 일반적으로 이미지와 사고의 시각적 방식을 강조한다. 이러한 유형의 인지 과정은 의도적인 노력 없이도 나타난다. 오히려 그것은 본능적이고 반짝이는 통찰력의 순간이나 카너먼(Kahneman, 2011)이 '빠른 사고(fast thinking)'라고 부른 것에서 발생한다. 그러나 사람들이 빠르고 직관적인 사고를 구성하는 것을 면밀히 보면 그것은 확실히 개인적인 경험의 축적에 근거한다. 어떤 대상에 대한 경험이 많을수록 즉각적으로 모든 의미를 파악할 수 있고, 주제, 사건 또는 사람들 간의 연관성을 발견하여 그 진가를 알아볼 수 있다. 우리가 가능성, 의미의 다양성 및 사고의 유동성에 열려 있을 때, 이것은 모두 엄청난 삶의 풍요로움을 제공한다.

상징적 사고는 개인적으로 의미가 있을 수 있고(이미지, 시 또는 의례는 개인에게 뚜렷한 의미를 가질 수 있다) 또는 보편적일 수 있으므로 다른 사람들은 자세한 설명 없이도 그 의미를 이해하고 자신과 관련 지을 수 있다. 보편적 상징은 공유된 역사, 문화, 인종 또는 사회 집단을 통해 의미를 취하고 사람들을 공동의 대의로 뭉치게 할 수 있다. 십자가는 그리스도인의 고난에 대한 보편적인 상징으로 전 세계 그리스도인들에게 여러 가지 의미를 전한다. 개인적인 상징은 특정한 맥락―한 사람의 삶에서 중대한 사건, 다른 사람과의 의미 있는 상호작용, 도달된 이정표(milestone)―을 통해 그 중요성을 얻는다. 상징들의 중요성을 인식하고 기념하는 것은 연결과 의미를 심화하여 삶을 풍요롭게 하는 방법이다.

상징적 사고는 유동적이고 유연하며, 좌뇌가 만들어 낸 꼬리표처럼 특정 의미에 고정되어 있지 않다. 유연한 사고는 은유적일 수 있으며, 의미를 여러 단계로 발전시킬 수 있다. 아리스토텔레스(Aristotle)가 "제비 한 마리가 여름을 만들지 않는다."라고 했을 때, 그는 실제 한 마리의 새가 계절의 선구자가 되지 않을 뿐 아니라 어떤 한 사건이 반드시 그 현상을 예고하지는 않는다는 것을 관찰했다. 그는 사람들에게 결론에 성급히 도달하지 말라고 경고하기 위해 비유적인 언어를 사용했다. 따라서 은유는 논란의 여지가 있거나 문제가 있는 주제를 여러 단계에서 한 번에 토론하게 함으로써 사람들의 삶을 풍요롭게 할 수 있다. 비유적 언어의 사용은 어려운 주제에 접근하는 것을 더 쉽게 한다. 예를 들어, 내가 치료한 물질사용장애(substance use disorder) 환자는 실제로 그녀의 상태에 대해 말하는 것보다 '흑곰(그녀의 중독에 대한 은유)'에 대해 훨씬 쉽게 이야기할 수 있었다. 은유의 사용은 그녀에게 중독의 강력한 지배를 점검할 수 있는 자유를 줄 수 있다. 그녀가 경험한 말로는 표현할 수 없는 두려움과 괴로움은 야생 곰의 은유 안에서는 명백히 드러났다.

은유를 사용하는 것은 사람들이 상처받지 않고도 포괄적이고 서술적이며 정서적인 언어로 어려운 주제를 다룰 수 있게 한다. 상징적 사고는 다차원적이고 동시에 수많은 의미와 감정을 포함할 수 있다. 그것은 다층적이다. 맥락에 따라 어떤 의미가 한때는 주요한 것일 수도 있고, 다른 경우에는 다른 의미가 우선일 수 있다. 상징주의 사용은 사람들이 스스로의 가능성을 내다보게 하고 새로운 중요성을 찾을 수 있게 한다. 보편적인 이야기에 자신들을 빠져들게 함으로써 개인들은 새롭고 독특하며 개인적으로 의미 있는 연상들로 활기를 찾을 수 있고 드러날 수 있다. 다양한 연상은 특히 시각예술에서 분명하고 접근이 용이하다. 왜냐하면 복합적인 해석들은 언어 및 다른 표현 형식보다 이미지들에서 더 확실하기 때문이다.

미술

시각예술에 참여함으로써 사람들은 안전하고 거리낌 없는 다양하고 유쾌한 삶의 측면을 경험할 수 있다. 이러한 경험은 위험 없이 삶을 풍요롭게 하며 수많은 이점을 제공한다. 미술관 방문은 비평적 사고능력을 증가시키는 것으로 나타났다(Bowen, Greene, & Kisida, 2014). 아마도 미술 작품의 요소들 간의 모든 관계가 논리적으로 설명되지는 않지만 직관적이기 때문일 것이다. 나아가 각각의 새로운 이미지를 만날 때마다 개인적이고 보편적인 상징과 함께 이전 경험을 토대로 한 능동적이고 직관적인 프로세스가 생성된다. 에른스트 피셔(Ernst Fischer)는 그의 책인 『미술의 필요성(The Necessity of Art)』(1959)에서 "미술의 기원은 마법과 같다. 그 마법은 실재하는, 그러나 탐험되지 않은 세계에 익숙해지는 것을 돕는다."(p. 13)라고 밝혔다. 여기에 나는 미술은 두 세계를 통달하는 것이라 덧붙이고자 한다. 그것은 우리가 외부 세계와 자신의 내부 세계 둘 다 이해하고 탐험하게 한다. 덧붙이자면, 상징주의에 심취하는 것은 자신과 세계의 알려진 면과 알려지지 않은 면을 동시에 맞닥뜨리게 한다.

박물관이나 미술관을 방문하여 당신이 흥미롭게 느끼는 특정 미술가, 미술 운동 또는 미술사의 어떤 시기에 푹 빠져 보세요. 당신 자신과 당신의 세상, 당신의 미래에 대한 당신의 시각을 풍부하게 하는 모든 연상이 떠오르게 해 보세요.

우리는 미술을 사용하여 우리가 삶을 살아가는 방식에서 오래된, 구식의 믿음들을 점검하고 바꿀 수 있다(Steele & Kuban, 2012). 에른스트 피셔는 『미술의 필요성』에서 원시인이 도구를 만들 때 "자연을 넘어선 새로운 힘이 얻어졌으며 이 힘의 잠재성은 무한했다. 이 발견에 마법의 뿌리 중 하나가, 그리고 미술의 뿌리도 놓여 있다."(1959, p. 19)라고 설명했다. 사실 미술은 신비로운 자기성찰, 계몽 및 확장의 목적으로 모든 시대에 걸쳐 사용되었다. 고대부터 르네상스 시대를 거쳐 현재에 이르기까지 미술은 서양 종교를 조명하고 있다. 12세기에 빙겐[1]의 종교 신비주의자이자 교사인 힐데가르트(Hildegard)는 미술을 사용하여 영적인 비전을 밝히고 복잡한 종교 철학을 설명했다(Fox, 2002). 시각예술을 보거나 창조한 경험을 통해 사람들은 논리적인 이해가 없어도 신비스럽고 신성한 것을 경험할 수 있다. 시각예술은 우주와 관련된 자신을 경험할 수 있는 수단이다. 시각예술은 언어의 고정된 형식성에 묶이지 않은 방식들로 상상력을 표현하는 수단을 제공하여 개인의 자기표현 가능성을 높인다(Fischer, 1959).

---

1) 역자 주: 독일 라인강 중류의 도시

미술을 감상하고 창조하는 것은 개인들에게 언제나 가능한, 삶을 풍요롭게 하는 활동이다. 사람들은 미술관 방문을 위해 미술 감상 시간을 미루어 모아 두는 경향이 있지만, 책과 온라인, 그리고 가정에서 미술 감상을 할 수 있다는 것은 이러한 매력적인 경험이 항상 가능하다는 것을 말한다. 사람들은 자신의 삶을 자극하고 풍요롭게 하기 위해 미술로 집을 장식하지만, 같은 장소들에 전시된 동일한 미술 작품들에 익숙해져 가며 영감은 시간이 지남에 따라 줄어든다. 사람들이 더 이상 적극적으로 응시하지 않을 때, 미술품의 삶을 풍요롭게 하는 힘은 약해진다. 그러나 그럴 때 그림을 다른 위치로 옮기거나 조각품을 낯선 장소에 배치하기만 하면, 곧 다시 새롭게, 삶의 질을 높이고 매료시키는 본래의 영향력을 갖게 된다.

심리상담사를 위한 메모

집에 소장하고 있는 미술품을 바꾸어 활발한 영감을 유지하도록 하세요. 새로운 눈으로 예술을 보고 그것이 당신의 삶의 질을 크게 높이게 하세요.

사람들이 개인적으로 의미 있는 미술 작품을 볼 때, 그것은 보상 센터(reward centers)와 자기지시적(self-referential) 또는 자서전적(autobiographical) 사고를 포함하는 뇌의 일부를 활성화한다 (Chatterjee, 2015; Vessel, Starr, & Rubin, 2002). 신경과학자들에게 미술 작품을 보는 것은 수동적인 활동이 아니라 감각과 감정 반응의 통합으로 인해 독특한 개인적인 의미를 낳는 적극적인 활동으로 받아들여져 왔다. 미술품을 보는 활동은 자기에 대한 배움과 자신과 더 큰 세계 간의 관계를 자극할 수 있는 자기지시적 사고로 이어진다. 물론 미술 창작도 똑같은 과정을 촉발시키고 상징적인 방법으로 삶을 풍요롭게 한다. 또한 미술은 사람들로 하여금 자신의 모든 부분을 표현할 수 있게 하며, 이러한 균형 잡힌 시각은 이전에 싫어했거나 거부된 자신의 부분을 받아들일 수 있게 한다(Hinz, 2009).

이 책은 미술을 통해 개인의 의미를 강화하는 제안으로 가득 차 있다. 그리고 당신이 창작을 하고 싶다면, 한두 시간 정도의 시간을 낼 필요는 없다. 미술 창작은 즉석에서도 이루어질 수 있다. 스마트폰, 태블릿, 또는 컴퓨터에서 사진을 편집하는 것처럼 간단할 수 있다. 아티스트 트레이딩 카드[2] 크기의 낙서하기, 또는 우표나 와시 테이프(washi tape)[3]를 사용하여 이전에 만든 엽서를 꾸밀 수 있다. 실제로 다른 사람들을 위한 미술 작품을 만드는 것은 당신이 그들을 돌본다고도 할 수 있는 창조적인 방법—자기돌봄이자 타인을 돌보는 방법—이다.

상징의 공유: 의식

구현된 은유는 의식(儀式, ritual)으로 나타날 수 있다. 의식이란

---

2) 역자 주: 아티스트 트레이딩 카드(Artist Trading Cards)는 ATCs로도 불린다. 스위스 예술가 스턴만(Stirnemann)의 작품들로 시작된 아트 프로젝트로, 누구나 참여하여 서로의 작품을 교환할 수 있다. 트럼프 카드 정도의 작은 크기인 것이 특징이다.
3) 역자 주: 마스킹 테이프

규정된 방식 또는 사회적 관습에 따라 행해지는 일반적으로 중요한 사건을 축하하는 행위 또는 기념이다(Rossner & Meher, 2014). 서구 세계의 사람들은 상대적으로 의식들이 부족한 사회에서 살고 있다. 우리는 일부 국경일을 제외하고는 의식이 적으며, 의례나 의식 참가가 의무사항은 아니기에 많은 사람이 참여하지 않는다. 예를 들어, 미국에서 메모리얼 데이(Memorial Day)는 군대에서 자국의 국민을 위해 목숨을 잃은 사람들을 기리는 연방 공휴일이지만, 많은 사람이 군인과 여성들을 기리는 것과 관계없이 긴 주말 여행을 한다. 미국에는 국가적으로 공유되는 의식이 아주 많지는 않지만, 주의를 기울여 보면 사람들의 삶에 풍요를 더할 수 있는 의식들이 적게나마 있다.

의식의 실천은 하루의 새로운 단계가 시작되는 것처럼 직장에서 가정으로의 전환을 도울 수 있다. 연구자들은 일과 가정 사이의 '미세 전환(micro transition)'을 퇴근, 전환 공간, 귀가로 나누었다. 이러한 많은 전환이 알아차리지 못한 채 이루어지고 직장의 것들을 집으로 가져가는 이월 효과(carryover effects)도 흔히 나타난다. 어떤 순간에 끼워 넣은 의식들은 일시적, 신체적, 심리적, 혹은 사회적 전환을 도울 수 있고, 일과 가정 사이의 경계를 분명히 할 수 있다(Ashforth, Kreiner, & Fugate, 2000). 일이 끝난 후에 하는 의식은 그 일이 잘되었음을 알려 준다. 어떤 사람들은 하루가 끝나면 15~30분을 챙겨 두어 잘된 것을 요약하고 다음 날의 계획을 시작한다. 목록을 작성하는 것은 의식의 중요한 부분이 될 수 있다. 염려되는 업무 문제 목록들은 사무실에 남게 된다. 통근 시간은 일-가정 전환에서 역할과 도움 사이의 완충 역할을 할 수 있다. 대중교통에서의 시간은 차분히 생각하는 시간과 휴식할 시간으로 유심히 쓰이며 심리적 전환을 도울 수 있다. 걷거나 자전거를 타는 것도 육체적인 긴장을 풀어 전환을 도울 수 있다. 가정에서의 의식은 사랑하는 사람들과 연결됨을 나타낸다. 입구의 문은 신호일 수도 있고 가족의 의미에 관한 메시지를 전달할 수도 있다. 또한 집에 들어가자마자 각 가족 구성원 및 반려동물과 인사하는 의식은 사회적 전환[4]이 계속되게 한다. 전환을 돕는 다른 방법으로는 옷 갈아입기, 산책, 촛불 붙이기 등이 있다. 다른 사람들과 의식을 함께 하는 것은 삶을 풍요롭게 하는 의미와 능력을 높일 수 있다.

사회적 · 종교적 의식

일상적인 사회 의식에는 음악, 춤, 스포츠, 커피, 와인, 키스 및 악수 나누기가 포함된다. 우리가 생각 없이 참여할 때, 이러한 의식들은 종종 무시된다. 예를 들어, 내가 관심 없이 누군가를 만난다면, 나는 그 사람의 이름을 몇 분 안에 잊어버릴 것이다. 그러나 만약 내가 새 친구의 손을 단단히 붙잡고, 그녀의 눈을 바라보고, 그녀의 이름을 되풀이하면서 주의 깊게 상호작용한다면, 우리가 오른쪽 손들을 움켜쥐고 있어서 왼쪽에 있는 우리의 심장이 서로에게 열려 있음을 기억한다면, 나는 이 사람, 내 새로운 친구의 이름을 기억할 것이다. 종교적 의식들은 신성 또는 인간애의 이상화된 상태에 대한 숭배를 나타내지만 관련 의식이나 성례에 내가

---

4) 역자 주: 직장에서 집으로의 전환

의미 있게 참여한다는 보장은 없다. 만약 내가 교회에 건성으로 들어가 서둘러 성찬식에 참여한다면, 그것은 내 삶에 영향을 미치지 않는다. 반면에 내가 집중하여 교회에 들어가고 신중하고 경건하게 영성체를 얻는다면, 이 의식은 내 삶을 풍요롭게 할 것이다.

가족 의식

가족 의식들은 가족 구성원을 공통의 기억, 가치, 즐거움으로 함께 묶을 수 있는 힘이 있다. 우리 집에서는 매일 저녁 가족 식사 형태로 우리 마음대로의 간단한 의식이 있다. 함께 저녁을 먹는 가족은 자신의 삶에 대한 전반적인 만족도가 더 높다고 알려졌다. 제4장에서 쓴 것처럼, 가족끼리 식사를 함께 하는 것은 아동과 청소년의 부정적인 행동의 발달을 막는 것으로 나타났다(Fishel, 2015). 가족끼리의 식사는 하루에 대해 이야기하고, 일화와 감정을 공유하고, 문제를 해결하는 시간이 된다. 그것은 또한 삶을 풍성하게 하는 의식을 갖는 기회가 될 수 있다. 예를 들어, 몇몇 가족은 가족 식사에 '특별한 그릇' 의식을 추가하여 가족 구성원이 성취한 것을 인정하고 기념한다. 어느 날, 탁자에 있는 특별한 접시(어떤 가족에게는 빨간 접시)는 선택된 가족 구성원이 일상적이지 않은 나눌 만한 어떤 것이 있음을 나타낸다. 그 사람은 특별한 이벤트 또는 성취를 이야기할 추가 '방송 시간(air time)'을 얻는다.

아이들과 어른들이 기억과 이야기를 나눌 때, 가족 식사는 재미있는 것이 될 수 있다. 이런 방식으로 함께 나누는 것은 친척들을 하나로 묶어 주는 가족 전통을 만든다. 가족 전통의 형태로 된 의식은 또한 강한 가족 간의 유대를 만들고 삶을 풍성하게 하는 데 도움이 된다. 만약 당신에게 아이들이 있다면, 어떤 것을 같은 방식으로 두세 번만 하면 "우리는 항상 이런 식으로 해요."라는 말과 함께 하나의 가족 전통이 시작됨을 알 것이다. 이렇게 몇 주 만에 금요일 밤의 피자와 영화는 쉽게 가족의 전통이 되는 것이다. 다른 가족의 의식들로는 먼 친척들을 위한 정기적인 재회, 게임의 밤(카드게임, 보드게임 또는 야외게임), 노래, 예술 작품, 여행 및 음식을 포함한 휴일의 활동들이 포함될 수 있다.

상징주의와 더 많은 경험

상징주의는 사람들을 평범한 세계를 벗어나 신비함이 내재된 세계로 초대함으로써 그들의 삶을 풍요롭게 한다. 그것은 사람들이 아름다움과 사랑과 같은 영묘한 개념을 탐구하여 논리적이고 사실적인 것 너머로 나아갈 수 있도록 도와준다. 상징주의는 개개인을 그들이 다는 이해하지 못하는 것으로 끌어들이지만, 더 많은 것을 알고 더욱 그들 자신이 되고 더 깊이 경험하도록 한다. 사람들이 보편적인 상징을 만나는 곳들과 경험들은 강력한 풍요로움을 불러일으키는 비옥한 토양이다. 이 장의 나머지 부분에서는 신화들과 이야기 읽기, 그림책 감상, 시 읽기 또는 쓰기, 동시성(synchronicity), 동물과의 마주침과 꿈 등 보편적 기호(universal symbols)를 경험할 수 있는 몇 가지 방법을 모색한다.

신화와 이야기 읽기

각 문화는 기원 설화와 사람들의 역사 및 성격과 관련된 많은 다른 일화를 담은 창조 신화로 시작된다. 이 이야기들은 문화들을 정의하고 함께 묶어 준다. 우리 자신의 신화들은 어떤 일들이 왜, 어떻게 우리에게 중요하며 다른 일들은 왜 그만큼 중요하지 않은지를 이해하는 데 도움이 된다. 카를 융(Carl Jung)은 우리의 신화들은 우리가 '집단 무의식(collective unconscious)'과 접촉할 수 있게 함으로써 우리가 왜 마음이 끌리는지 의식적으로 이해하지 못함에도 우리를 부르는 상징들의 이해를 돕는다고 한다. 만약 우리가 상징을 받아들여 그것이 삶을 풍요롭게 할 수 있도록 한다면, 이 수준에서 동시에 일어나는 앎과 무지는 우리의 삶을 풍성하게 한다.[5] 예를 들자면, 조셉 캠벨(Joseph Campbell)은 『신화의 힘(The Power of Myth)』에서 영웅의 여정에 대한 이야기가 우리와 공명한다고 설명한다. 왜냐하면 우리 모두는 자기지식(self-knowledge)과 자기수용(self-acceptance)을 달성하기 위해 삶의 장애물을 극복해야 하기 때문이다(Campbell, 1991).

신화들과 이야기들은 성경 및 다른 신성한 글들에 스며들어 우리의 종교와 영성을 전체적이고 직관적인 방식으로 경험할 수 있도록 도와준다. 고대인들은 이야기들에 자신을 몰입시키고 그것들을 통한 자신들의 종교 메시지에 따라 살 수 있었으며 그렇게 신화들과 우화들에 응답했다. 오늘날 『우리 사이의 공간을 축복하기 위

---

5) 역자 주: 상징의 개인적 의미는 알 수 있어도 보편적 의미는 알기 어려울 수 있다.

해: 축복의 책(To Bless the Space Between Us: A Book of Blessings)』의 존 오도나휴(John O'Donohue)와 『위안: 위로, 양식, 그리고 일상의 말들 아래 있는 의미(Consolations: The Solace, Nourishment and Underlying Meaning of Everyday Words)』의 데이비드 화이트(David Whyte)와 같은 작가들은 우리 일상에서의 상징들을 통해 우리를 우리 자신을 넘어서는 영성의 영역으로 데려간다. 이 두 권의 책은 영감, 도움, 풍요로움을 위해 따로따로 읽을 수 있는 짧게 독립된 절들로 이루어져 있기 때문에 바쁜 삶 속에서 나의 이상적인 동반자이다.

삽화가 들어 있는 책

자녀들의 어린 시절, 나의 가장 큰 즐거움 중 하나는 동네 도서관에 가서 함께 읽을 수 있는 그림책 더미를 선택하는 것이었다. 나는 예술가의 테크니컬한 기술과 감정들을 감상할 수 있었기 때문에 삽화가 있는 이야기에 아이들처럼 빠져 있었다. 불행히도 출판사들은 성인들의 취향은 삽화가 있는 책에 점점 관심이 없어진다고 추측한다. 중학교 이후의 책에는 일반적으로 삽화가 포함되지 않는다. 그러나 나는 이미지들이 영감을 주기 때문에 성인용 이야기책, 그래픽 소설 등의 여타 성인을 위한 삽화책들을 계속 수집하고 감상한다. 나는 특히 피터 시스(Peter Sis)의 『새들의 회의(A Conference of the Birds)』를 좋아한다. 작가는 이 책에서 고대 페르시아 신화와 영웅의 여정의 삽화를 그렸다. 앨리슨 베델(Alison Bechdel)의 『당신 엄마 맞아?(Are You My Mother?)』와 같은 그래픽

소설은 감정의 깊이를 더하고 이야기를 기존의 전형적인 만화책처럼 진행시키는, 그림 이야기들을 통한 성장 이야기이다. 최근에 생겨난 '그래픽 의학(graphic medicine)' 분야는 의사, 환자 및 보건 전문가들의 노력을 융합하여 그래픽을 통해 다양한 건강 및 질병의 여행에 대한 이야기를 전달하는 것이다(King, 2017). 확실히, 이 집단의 사람들에게 삽화들은 말만으로는 할 수 없는 방식으로 이야기를 풍성하게 한다. 그래픽의 묘사는 이야기를 깊게 하고 경험을 풍부하게 한다.

시

시를 읽거나 쓰는 것 또한 상징적으로 풍요롭게 하는 활동이다. 시인은 상징적인 언어를 사용하여 경험을 넓히거나 강화할 수 있는 개인적이고 보편적인 주제를 전달한다. T. S. 엘리엇(Eliot)은 "진정한 시는 이해되기도 전에 소통을 할 수 있다."라고 주장한다(1964, p. 238). 이것은 사람들은 논리적인 방식으로 시를 이해하기 전에도 시의 중요성을 직관할 수 있다는 것을 의미한다. 따라서 시는 산문이 하지 않는 방식으로 개인에게 이야기한다. 시는 사람들이 상상력과 서정적인 언어로 복잡하거나 골치 아픈 주제를 전달할 수 있게 한다. 은유와 마찬가지로, 시는 복합적인 의미들을 전달하고, 각양각색의 이유로 다른 사람들에게 호소할 수 있다. 시를 당신의 생활에 더하려면 중고서점에서 책 한 권을 고를 수 있다. 책을 훑어보고 좋아하는 시를 찾으면 그 책에서 더 많은 기회를 찾을 수 있다. 좋아하는 시인이 누구인지 친구 및 멘토에게 물어보

라. 시 협회(The Poetry Foundation; www.poetryfoundation.org)는 랜덤 선택 시 생성기로 기능하는 무료 스마트폰 앱을 제공한다. 이 앱은 영감과 풍요로움을 위한 현대적이고 고전적인 구절들을 소개한다.

동시성, 동물과의 마주침 및 꿈

동시성(synchronicity)은 의미 있는 인과관계를 가지고 있는 것처럼 보이는 무작위적인 사건의 융합을 설명하기 위해 카를 융이 도입한 개념이다. 융은 동시성을 '의미 있는 우연(meaningful coincidence)'으로 정의하고, 이러한 조우들은 우리의 더 깊은 자아와의 중요한 연관성을 제공한다고 했다(Forrer, 2015). 우연의 일치를 감상하는 것은 우리를 무한한 가능성의 세계로 연결시킨다. 동시에 발생하는 사건의 한 유형은 우리의 삶에서 동물을 마주칠 때 잠시 멈추어 그것을 성찰하면서 발생할 수 있다. 언젠가 나는 2년 전 남편과 사별한 친구와 점심을 먹고 있었다. 점심 식사 후, 한 까마귀가 까악까악 울며 주차장의 가로등 위에 앉아 있었고, 나는 그것을 무시할 수 없었다. 나는 [그림 9](143쪽)에서 볼 수 있는 사진을 찍었고, 집에 도착했을 때 까마귀의 상징을 찾아보고는 까마귀가 지성과 탄력성으로 유명하다는 것을 알았다. 그것은 유연성과 적응력의 상징이다. 나는 까마귀가 누군가의 삶에 나타날 때는 변화가 오고 있거나 새로운 시작이 가능하다는 신호일 수 있겠다고 이해했다. 동시에 발생한 동물과의 마주침이 내 친구와 나에게 의미하는 바가 무엇인지 생각할 때, 까마귀가 새로운 시대를 예고한 것처럼 보였다. 까마귀의 그 모습은 그녀가 남편 없이도 자신의 삶과 함께 계속 나아갈 수 있다고 말하고 있었다. 다가오는 변화는 환영할 만한 일일 것이다.

주의를 기울이면 꿈도 중요한 메시지를 제공할 수 있다. 그들로부터 정보를 얻기 위해 꿈을 해석하는 전문가가 될 필요는 없지만, 무한한 가능성의 세계에 열려 있어야 한다. 사람들은 너무나 많은 경험과 정보를 만나므로 의식적으로 모든 것을 처리할 수는 없다. 따라서 뇌는 세부사항, 사람 및 장소를 뒤섞어 야간에 꿈의 형태로 제공한다. 사람들이 꿈의 연속적 사건이나 심지어 꿈의 조각만이라도 관심을 기울이면 새롭고 중요한 정보를 얻을 수 있다. 꿈들은 보편적인 상(象)들이 만나는 곳이기 때문에, 이 특징들에 대한 어떤 것과 그것들의 규정된 메시지가 무엇인지를 아는 것에 도움이 될 수 있다. 원형적 상징들(archetypal symbols)에 관한 논문이나 책을 찾는 것은 좋은 출발점이다.

요약 및 결론

상징적인 우뇌적 사고는 총체적이며 직관적이고 시각적이며 영적이다. 그것은 사람들로 하여금 통찰력의 관점에서 의미를 파악하고 은유를 통해 의미를 전달할 수 있게 한다. 삶은 미스터리를 포용하고, 여러 층의 의미를 심사숙고하며, 비판적인 사고에 참여하는 것—예술에 관한 몰두를 통해 향상되는 이 모든 것—을 통해 풍부해진다. 미술을 개인적인 또는 보편적인 자기표현의 방법으로 사용하면, 두뇌의 우반구 과정을 촉진하고 우리의 경험들을 더욱 풍부하게 할 수 있다. 우리가 하나의 개념에 대한 다양한 층의 의미를 고려할 수 있게 된다면, 인생은 더 풍부해질 것이다. 은유는 의식(儀式)에서 구현될 수 있으며, 사람들의 삶은 사회, 가족 및 종교 의식에 대한 주의 깊은 참여를 통해 더욱 풍부해진다. 일과 가정 사이의 전환을 돕는 의식들에 신중하고 주의 깊게 참여하는 것은 직장 생활에서의 분리와 가정 생활로의 진정한 재헌신(re-engagement)을 촉진할 수 있다. 이러한 전환으로 인해 가정과 직장 사이의 여백은 넓어지고 삶의 풍요로움을 위한 공간과 시간이 늘어난다.

이 장에서는 신화와 이야기를 읽으며 보편적 치유 주제에 대한 개인적 활용을 찾는 것을 포함하여 상징적인 활동을 풍부하게 하는 방안을 소개하고 논의하였다. 각각은 직관적이며 연관되어 있고 우리를 삶을 풍요롭게 하는 무한한 가능성에 연결시키는 독특한 방법을 보여 준다. 불확실성과 함께 살고 다른 사람들의 이야기에 우리 자신들을 몰입시키는 것은 다양한 관점, 가치 및 감정을 만나기 위한 안전한 방법이다. 신화, 미술, 시, 소설의 형태는 이러한 보편적인 주제를 만날 수 있게 하기 때문에 이전에 알려지지 않았거나 떨어져 있었던 우리 자신의 부분들을 인정하고 받아들일 수 있으며, 이것은 심리상담사로서 우리의 일을 확장하고 심화시킬 수 있다.

 ## 상징주의와 미술을 통한 성찰

1. 오늘 밤 당신의 꿈에 주의를 기울이고 잠에서 깨어나자마자 전체 꿈의 순서 또는 꿈의 한 부분의 이미지를 만드세요. 이미지를 심사숙고해 보았을 때, 그것은 당신 자신이나 현재의 삶의 상황에 대해 무엇을 말하고 있나요?

2. 당신이 좋아하는 동화 속 캐릭터로 자화상을 만드세요. 이 캐릭터는 당신의 일부분을 어떻게 드러내나요?

3. 잡지에서 당신의 관심을 끄는 세 개의 이미지를 찾아 작은 콜라주에서 그들을 조합하세요. 무한한 가능성의 세계에 열려 있음을 유지하면서, 이 이미지들이 어떻게 당신의 한 부분을 상징하는지에 관한 글을 써 보세요.

 ### 자기성찰을 위한 질문

1. 당신은 정기적으로 어떤 종류의 의식들에 참여하나요? 그중 하나에 당신을 더욱 몰두하게 하고, 당신의 삶을 풍요롭게 하는 사려 깊은 방법들을 생각할 수 있나요?

2. 메리 올리버(Mary Oliver)의 시 〈여행(The Journey)〉 또는 데릭 월콧(Derek Walcott)의 시 〈사랑 후의 사랑(Love After Love)〉을 읽으세요(이 두 시의 전체 텍스트는 온라인에서 볼 수 있습니다). 그리고 이 시의 메시지가 어떻게 당신의 삶을 풍요롭게 할 수 있는지 생각해 보세요.

3. 최근에 당신의 삶에 등장한 동물이 있나요? 그 동물의 상징주의를 찾아보고, 그것이 지금 당신의 삶에 어떻게 적용될 수 있는지 해석해 보세요.

창의성을 통한 풍요로운 삶

재능은 아무나 맞히지 못하는 과녁을 맞히고
천재성은 아무도 보지 못하는 과녁을 맞힌다.
- 아르투어 쇼펜하우어(Arthur Schopenhauer, 1958, p. 391)

수년 전, '천재성'과 '창의성'이라는 용어는 종종 혼용되었기 때문에 창의성은 소규모 엘리트 집단만을 위한 선천적인 재능이라 믿어져 왔다. 그러나 오늘날 심리학 연구에서 일반적으로 사용되는 창의성의 정의에는 독창성과 효율성의 두 가지 요소만 포함된다(Runco & Jaeger, 2012). 따라서 창의성은 새롭고 유용하게 인식되는 물건이나 아이디어들의 조합으로 설명된다. 나는 창의성에 대한 이 포괄적 정의를 좋아한다. 그것은 창의성이 소수의 특권층에게만 가능한 특별한 능력이라는 믿음에 반박한다. 모든 사람은 창의적이지만 각자 다양한 방식과 수준으로 창의적이다. 창의성에 대한 이 포괄적 정의는 모든 사람이 '일상의 창의성(everyday creativity)'(Richards, 2014)을 축복으로 받아들이거나 새롭고 효과적인 방식의 사물이나 아이디어들의 조합으로 삶을 향상시키는 것을 돕는다.

풍요로운 삶의 모델(Life Enrichment Model: 이하 LEM)의 창조적 수준은 사람들이 창의적 활동에 열중할 때 '모든 것을 한데 모으는 것'이나 아이디어의 통합, 특히 자신과 관련된 생각[1] 및 자기실현의 성향을 강조한다(Lusebrink, 1990). 심리학자 미하이 칙센트미하이(Mihaly Csikszentmihalyi)는 그의 연구를 바탕으로 우리의 일이나 취미에서 '몰입(flow)'의 상태를 발견함으로써 자기실현을 이룰 수 있다는 의식을 대중화시켰다(Csikszentmihalyi, 2008). 창의적 경험을 통해 우리는 몰입 상태에 들어갈 수 있다.

창의성과 몰입

제2장에서 설명했듯이, 몰입은 인간이 어떠한 활동에 도전할 때 집중력을 통해 그것의 숙달을 가능하게 하는, 집중할 수 있는 매우 즐거운 상태로 특징지을 수 있다(Csikszentmihalyi, 2008). 몰입 상태일 때는 집중하려는 노력이 자연스레 이루어져, 그 일에 빠져들며, 산만해지거나 여타 다른 것에 집중하는 것이 오히려 어렵게 된다. 몰입을 유도하는 활동의 유형은 강렬한 육체적인 것에서부터 지

---

1) 역자 주: 자기 분석 및 평가 등의 중립적인 의미

적인 것에 이르기까지 다양할 수 있으며 도전 받고 있는 동시에 능수능란해짐도 같이 느낀다는 것이 공통적인 요소이다. 몰입 상태에 있을 때, 사람들은 두드러지게 세심한 주의를 기울일 뿐 아니라 하고 있는 일에 너무 몰두한 나머지, 시간에 대한 정상적인 인식도 바뀌어 시간이 현저하게 느려지거나 아주 빨리 지나가는 것같이 느낀다.

때로 시작하기는 어렵지만 본질적으로 매력적이며 보람을 느끼게 하기에 우리는 몰입 경험의 가치를 높이 평가한다. 몰입에 빠져 있는 것은 큰 만족감 및 기쁨의 순간과 연관되어 있다(Csikszentmihalyi, 2008). 이러한 최상의 경험을 자기실현 경험이라고 한다. 그것은 사람들이 자신들이 가능한 최고의 자아로 행동하고 있다고 느낄 때 발생하며, 일하는 동안에 최고의 자아출현은 만족감을 이끌어 낸다. 그리고 사람들이 몰입을 경험할 때, 그들 하루의 나머지 시간 동안에 웰빙은 증가하는 특징이 있다. 창의적 자기표현의 결과인 지속적인 웰빙의 느낌은 풍요로운 삶의 토대가 된다.

몰입 활동에 빠지면 전반적·지속적 웰빙이 증가하기 때문에 창의성을 발휘하면 심리상담 직종과 관련된 부정적 상황, 이차적 외상 스트레스와 컴패션 피로와 같은 것들을 예방할 수 있다. 창의적인 노력에 빠지는 것이 얼마나 기분 좋은 것인지 기억함과 동시에 열중하는 것은 마음을 느긋하고 상쾌하게 할 수 있다는 것에 주목해야 한다. 나아가 창의성에는 위험이 따른다. 사물이나 아이디어를 새로운 방식들로 한데 모으는 것은 불편한 느낌일 수 있다. 인간은 태생적으로 안전을 강하게 추구하게 되어 있어 편안한 것을 안전한 것이라 종종 오인한다. 고로 낯선 것이거나 노력이 필요한 것보다는 익숙한 것을 선택한다. 내가 일하는 라이프스타일 의학 프로그램(lifestyle medicine program)의 내담자 대다수는 텔레비전을 보면서 저녁을 보내고, 그것이 즐겁고 편안한 활동이라고 생각한다. 그러나 사람들이 텔레비전의 영향을 면밀히 검토한다면 그것이 휴식이 아니라는 것을 깨달을 것이다. 텔레비전 시청이 하나의 정해진 기본 저녁 활동이 되어 버릴 때, 그것은 사람을 넋 없이 멍하게 만드는 경향이 있다. 이 깨달음은 종종 사람들이 영상 채널들의 '무제한 시청(binge watching)'을 그만두게 한다. 무제한 시청은 한 쇼가 다른 쇼 다음에 바로 이어져 프로그램 간의 휴식이 없어질 때 쉬이 일어나며, 시청자들은 속박되어 멈출 수 없게 된다.

다른 한편으로 텔레비전 시청은 사람을 멍하게 만들기보다는 오히려 삶을 풍요롭게 할 수 있다. 사려 깊은 텔레비전 시청은 즐겁고 자기개발적인 것이 될 수 있다. 마음을 챙기며 텔레비전을 보는 것은 창의성을 유발하는 기회가 될 수 있다. 지식을 쌓거나 요리, 꾸미기, 여행 또는 스포츠를 위한 새로운 아이디어를 자극할 수도 있다. 사려 깊은 시청은 사람들이 상황에 맞는 프로그램을 선택하고, 단순한 채널 서핑이 아닌 의도적으로 선택한 프로그램을 시청하며, 텔레비전 앞에서의 시간을 제한하는 것을 의미한다. 한 연구는 텔레비전 시청 시간이 짧은 청소년이 중년이 되었을 때 시청 시간이 길었던 집단보다 인지 기능이 우수함을 보여 주었다(Hoang et al., 2016).

전문 치료사들은 자신의 웰빙을 유지하기 위해 의도적으로 그들을 풍요롭게 하거나 머리를 식히게 할 수 있는 텔레비전 프로그램이나 영화를 선택한다고 알려져 있다. 그들은 업무 시간 동안 경험한 외상을 다시 재현할 수 있는 텔레비전 프로그램은 의식적으로 피한다(Mullenbach & Skovholt, 2001; Norcross & Guy, 2007). 또한 신중하게 선택한 텔레비전 프로그램의 시청은 보상으로서 충분히 가치가 있을 수 있기에 먼저 끝내야 하는 다른 일에 주의 깊게 몰두하게 한다. 나는 텔레비전을 기계적으로 시청하지 않고 하루 동안 자신의 피트니스 목표를 달성한 후에야 시청하는 사람들을 알고 있다. 즉, 시청 내용과 환경에 더 많은 주의를 기울이면, 긴 하루의 끝에 있는 우리의 '기본 보상(default reward)'인 텔레비전 시청은 보다 편안하고 풍요로워질 수 있다.

창의성과 놀이

연구자들이 사람들에게 일상활동과 창의성의 수준 그리고 기분들을 추적하여 평가하게 하면, 텔레비전 시청은 높은 평가를 받지 못한다. 창의성의 증가와 긍정적인 기분은 새로운 경험 및 그것에 개방적인 것과 연관이 있다(Silvia et al., 2014). 몇몇 연구자는 무계획의 새로운 경험과 활동에 대한 개방성을 '놀이(play)'라 일컫는다. 심리학자 스튜어트 브라운(Stuart Brown)은 다양한 종류의 놀이와 목적을 전문적으로 꾸준히 연구해 왔다(Brown, 2009). 유년기에 처음 경험하고 성인기에도 다양한 효과를 갖는 놀이의 유형은 적어도 다섯 가지[육체적 놀이, 대상적 놀이, 거칠고 뒹구는 놀이, 관중/의식(ritual) 놀이, 상상 놀이] 정도로 간추려 볼 수 있다.

브라운에 따르면, 놀이는 아이들에게 중요할 뿐만 아니라 자발성, 창의성, 긍정적인 마음을 촉진하기 때문에 성인에게도 중요하다. 새로운 경험에 대한 개방성은 창의성의 필수 요소인 혁신적인 아이디어와 활동의 출현을 가능케 하기 때문에 긍정적인 마음, 창의성, 새로운 경험에 대한 개방성 사이의 관계는 중요하다. 또한 일상의 창의성은 에너지, 열정, 참여 등 다른 긍정적인 상태에 선행하거나 그것들을 활성화시키는 것으로 나타났다(Silvia et al., 2014). 고로 창의성은 긍정적인 감정의 조절 전략으로 간주될 수 있다(Kopcsó & Láng, 2017). 창의적인 활동에 열중하는 것은 기분을 향상시키고 열정과 목표의식을 높일 수 있다.

LEM에 따르면, 창의적 경험은 모델의 단일 요소(예: 동작 요소 혹은 지성 요소만)를 통한 경험으로 발생할 수도 있고 다양한 형태의 경험 조합을 포함할 수도 있다. LEM의 단일 요소에서 나온 창의적 경험은 개인적이고 독특하면서 자연발생적인 춤이거나 어떤 다른 단일한 경험일 수 있다. 그 표현이 하나의 훌륭한 작품일 필요는 없다. 대신 그것은 개인적이고 의미가 있어야 한다. 그러나 창의성은 또한 최상의 건강을 증진하고 강화시키는 삶의 풍요로움을 위한 총체적인 경험을 제공하기 위해 다양한 형태의 활동 조합도 포함할 수 있다. 예를 들어, 스웨터를 짜는 사람에게 뜨개질 행위 자체는 동적인 경험뿐만 아니라 부드럽고 다채로운 색의 실이 주는 감각적인 경험과 연관되어 있다. 끝으로 뜨개질을 하는 사람은 의복을 성공적으로 완성하기 위해 시각적-공간적 패턴 또한 따라야 한다.[2] 적어도 LEM의 세 가지 구성요소가 이 창의적인 노력과 연관되어 있는 것이다.

---

2) 역자 주: 지성적 경험과 연관되어 있다.

창의성과 심리적 성장

LEM 모델의 하나 혹은 그 이상의 요소가 관련되어 있는지 여부와 관계없이 창의성은 의식적으로 아는 자아의 진정한 표현 경험이나 자기감(sense of self)을 확대·심화시키는 새로운 정보 통합을 촉진한다(Harter, 2007). 창의적인 경험은 자신에 대한 생각과 감정을 명확히 하고 심리적 성장을 촉진시킨다. 리처즈(Richards, 2014)에 따르면, 사람들은 창의적인 활동에 매진할 때 예민하게 관찰하며, 방어적이지 않고, 협력적이 되며, 또한 용감하다. 창의성은 회복탄력성을 증가시킨다. 이에 더하여 창의적인 활동은 선택 의지와 긍정적인 감정을 증가시킨다. 그것은 정서적인 균형을 가져오고 행동의 선택권을 늘릴 수 있다. 창의적인 경험은 외상 후 성장 과정을 통해 과거에 부정적인 것으로 생각된 경험에 대해 사람들이 긍정적인 시각을 갖도록 도울 수 있다(Forgeard et al., 2014).

창의적인 경험은 사람들이 자신을 보다 긍정적인 방식으로 생각하게 하며, 평소와는 다르게 생각하도록 도울 수 있다. 자신에 대한 다양한 다른 시각을 갖는 것은 희망, 낙관주의, 자기효능감 및 탄력성을 포함하는 긍정적인 심리적 발달 상태, 즉 심리적 자원을 구축하는 데 도움이 될 수 있다(Dawkins, Martin, Scott, & Sanderson, 2013; Newman, Ucbasaran, Zhu, & Hirst, 2014). 창의적인 글쓰기 과제를 수행하면서 기존의 강점을 보완하거나 개인의 부족함으로 여겨지는 것을 개선하면 사람들의 심리적 자원은 늘어날 수 있다(Meyers, van Woerkom, de Reuver, Bakk, & Oberski, 2015). 심리적 자원은 심리상담사로서 일을 훌륭히 수행하는 데 필요한 깊은 샘물을 채우는 중요한 요소 중 하나이다. 희망, 낙관주의 및 자기효능감의 느낌들은 타인에 대한 온정을 증진시키고 회복탄력성에 확고한 기반을 제공할 것이다.

창의성과 관계

연구에 따르면 다른 사람들과 협력할 때 창의성은 더욱 향상된다(Kelley & Kelley, 2013; Lehrer, 2012). 다른 사람들과 함께 창조하는 것은 기존의 아이디어를 더하고 확장시킨다. 사람들이 특정 문제에 대해 제기하는 각각의 해결책은 집단 내 타인의 새로운 아이디어나 해결책을 촉진시키는 잠재력이 있다. 기존의 관습적 생각과는 달리, 많은 프로젝트나 활동들의 시작 혹은 브레인스토밍 단계에서도 비판적인 시각들이 주는 이점들이 있다. 브레인스토밍에 대한 일반적인 믿음은 모든 아이디어는 논의되거나 판단되기 전에 무비판적으로 생성된다는 것이며, 초기의 비판을 아이디어의 생성을 막고 창의적인 생각을 억누르는 것으로 가정한다. 이와 반대로 어떤 연구들은 초반에 이런 종류의 '비판적 협업(critical collaboration)'이 무비판적 브레인스토밍 방법보다 훨씬 더 창조적인 선택들을 제시하도록 자극한다고 지적했다(Lehrer, 2012). 다른 사람들과 함께하는 창조적인 활동은 사람들 사이의 끈끈한 유대감도 만들어 보다 나은 결과를 가져온다.

창의성은 사람들을 하나로 묶을 뿐만 아니라 사람들을 최고, 최상의, 또는 창의적 자아와 연결시킨다. 창의적인 자아와의 관계 맺음은 심오한 자기수용과 심리적 자원의 형성을 불러일으킬 수 있다. 사람들은 자신의 가장 훌륭한 특징들을 떠올리며 스스로에 대해 더 낫게 느끼기 때문이다. 창의성은 사람들을 더 높은 수준의 영적인 힘과 연결시키거나 그것과의 접촉을 표현할 수 있게 한다. 그들 자신이 신성함이나 어떤 우주적인 힘에 의해 창조되었다는 사실을 사색해 보는 것은 사람들을 그들만의 신성하고 창의적인 역량들과 연결시킬 수 있다.

창의성 키우기

창의성은 마음의 고정된 상태가 아니며, 사람들은 창의성을 키우는 것을 배울 수 있다(Lehrer, 2012; Richards, 2014). 저널리스트 조나 레러(Jonah Lehrer)는 창의성에 대한 그의 2012년 뉴욕 베스트셀러 책 『상상하라: 창의성이 어떻게 작용하는가(Imagine: How Creativity Works)』에서 서로 다른 분야의 창조적인 사람들을 인터뷰하고 그들의 업적에 대한 매력적인 가치들을 서술했다. 이 인터뷰에서 그는 더 큰 창의성을 뒷받침하는 방법들을 제안하였다. 그의 제안 중 몇몇을 소개하자면, 흘려보내는 것과 아웃사이더가 되는 것, 아이처럼 생각하고, 협력하며, 낯선 사람들과 소통하고, 도시에서 사는 것이 있다. '흘려보내기(Letting go)'는 마음을 통해서 긴장을 풀고 몰입으로의 느슨한 연결을 허용하는 시간을 만드는 것을 의미한다. 이것은 외부 요구의 압박을 갖는 것을 덜어 내어 마음이

'내부 비평가'의 간섭 없이 자유롭게 방랑하게 할 수 있다. 만약 바로 앞에 특정한 업무가 없다면, 비판할 것이 없기에 내부 비평가는 조용히 있을 수 있다. 또한 마음을 자유롭게 노닐게 만들면 창의적이고 다양한 사고와 관련된 여러 가지 연결을 만드는 데 필요한 정신 상태가 허용된다. 이전 장에서 언급했듯이, 오랜 기간 동안 하나의 개념이나 사물을 심사숙고하면 이차적인 특징이 드러나게 되므로, 발산적 사고와 창조적 잠재력의 가능성이 증가한다(Arnheim, 1966).

발산적 사고는 창의성과 관련이 있다. 왜냐하면 이슈나 문제에 대해 관계가 얕은 연상이 많을수록 새롭고 유용한 조합이 나타날 확률이 높아지기 때문이다. 이러한 사고방식은 한 개인이 '아웃사이더'이거나 생소한 환경에 있을 때 촉진된다. 레러(2012)는 이 아웃사이더 효과 때문에 여행이 창의성을 자극한다고 서술했다. 사람들이 일반적으로 당연하게 여겨지는 일상적 일들의 모든 방식(예: 어떤 지하철 경로를 이용할지, 어떤 상점이 필요한 물건을 가지고 있는지)을 생각해야만 할 때, 창의성에 기여하는 다양한 생각과 연상들이 촉진된다. 그는 사람들은 파리에 관한 글을 쓰기 위해 파리를 가는 것이 아니라 글쓰기에 자극을 받기 위해 간다고 했다.[3] 자신의 영역에서 발생하는 단순한 '아웃사이더' 경험조차도 발산적 사고와 느슨한 연상을 자극할 수 있다.

---

3) 역자 주: 한 예로 어니스트 헤밍웨이(Ernest Hemingway) 등 당대의 유명 작가들은 글을 쓰기 위해 파리를 방문하곤 했다.

자신의 영역에서 아웃사이더 효과를 촉발시키려면 평상시에는 자주 가지 않는 지역으로 가 보세요. 당신의 도시에 인종적으로 다양한 이웃이 있다면, 친숙하지 않은 음식, 옷, 언어, 볼거리가 있는 곳으로 가세요. 당신의 창의적인 결과에 미친 효과들에 주목하세요.

창의성은 또한 낯선 사람과 상호작용할 때, 다른 출신 배경에서 온 사람들과 이야기할 때 향상된다. 사람들은 지역 워크숍 및 강좌들에서 낯선 사람들과 협업할 수 있는 기회를 찾는다. 당신이 참석할 다음 모임에서 모르는 사람과 자진해서 무언가를 할 때 창의력은 자라날 것이다. 사람들이 여행을 하고, 익숙지 않은 이웃 동네를 돌아다니며, 다른 직업군에서 일하는 사람들과 이야기할 때 우연한 만남들은 확실히 일어날 것이다. 하루 동안 누군가와 일자리를 바꾸거나 그들의 업무 중 하나를 택해서 해 보는 것도 느슨한 연상을 늘리는 또 다른 방법이다(Kelley & Kelley, 2013).[4] 도시 생활은 낯선 사람들과의 상호작용과 알려지지 않은 지역으로의 짧은 여행을 담고 있기에 창의성을 증가시킬 수 있다. 연상이 자유롭고 마음이 새로운 가능성에 열려 있을 때, 창의성은 증가한다.

창조적인 경험은 사람들이 다른 유용한 방식으로 어떤 것들을 조립할 때 발생한다. 사람들이 이전에 해 오지 않았던 것을 만들거나 요리하거나 기르면 매일 창조적인 순간을 경험할 가능성을 높일 수 있다. 창조적 풍요로움이 항상 적극적인 예술 창작을 요구

---

4) 역자 주: 예를 들어, 디자인 부서와 재무 부서가 서로의 업무를 잠시 동안 경험해 본다면, 새로운 시각으로 자신의 업무를 재창조할 수 있다.

하지는 않는다. 그것은 다양한 예술 작품을 보거나 듣는 것도 될 수 있다. 유명 화가의 그림을 보는 것은 자기성찰이나 자기확인을 촉진시킬 수 있는, 창조적이지만 수동적인 활동임은 분명하다(Vartanian & Skov, 2014). 예를 들어, 삶의 여러 시점에서 사람들은 동기부여를 높이고 영감을 받기 위해 개인적으로 의미 있는 특별한 노래를 선택한다. 좋아하는 노래를 듣는 것은 근본적으로 완전하고 풍요로운 경험을 일으키는, 많은 표현 요소의 혼합을 상징한다. 노래에는 리듬이 있어 사람들을 움직일 수 있다. 많은 노래는 멜로디뿐만 아니라 모두에게 의미 있는 시들로 사람들의 감정을 불러낸다. 이 세 가지 특징이 모두 조합된 노래는 창의성을 향상시키는 당신의 테마곡으로 승격될 수 있다. 풍요로운 삶의 필수 요소로 음악을 꼭 포함시켜야 한다.

요약하자면, 낯설고 느슨한 연상의 기회를 증가시키는 모든 활동은 발산적 사고를 자극하고 창의성을 높일 수 있다. 심리학자 릭 핸슨(Rick Hanson)에 따르면, 창의성과 풍요로움은 서로 증가시키는 관계가 있다고 한다. 창의성은 경험을 풍부하게 하고, 풍성한 경험은 창의성을 향상시키는 데 도움이 된다. 그는 창의성을 높이기 위해 먼저 경험에 몰입하고 '그것을 확대함으로써' 혹은 그것의 독특한 측면들을 강조함으로써(동작을 과장하기, 색채에 집중하기) 경험을 풍요롭게 해야 한다고 권유했다. 그는 '그것을 받아들임'으로써 그 체험에 빠져들거나 그 경험의 맛을 최대한 향유하는 것을 제안했다. 사람들이 경험에서 보상을 받을 때, 그 창의성과 풍부함은 더욱 향상된다. 마지막으로, 풍성한 경험을 비슷한 경험들과 연결함으로써 창의성은 배양된다(Hanson, 2017).

또한 다양한 연상을 자극하는 사물들이나 이미지들—다양한 나라로부터의 다양한 용도의 물건들—로 둘러싸이는 것은 창의성을 향상시킨다. 다양하게 모여 있는 물건들을 보는 것은 의식과 무의식의 연결들을 자극할 것이다. [그림 ⑩](143쪽)에 표시된 이미지는 창의력을 기르는 것에 관한 콜라주이다. 이미지들을 수집한 이 여성은 여러 가지 다양한 연상을 불러일으킨 일련의 이미지에서 영감을 얻었다. 그녀는 그 이미지에 대해 이렇게 기술했다.

내 창의성이 꽃을 피우기 위해 필요한 것은
튼튼하고 비옥한 땅
빛과 공기
영양을 주는 물
보살피는 손들.
나는 내 주위의 아름다움이
나비의 날개들이
나를 붙잡는 파란 하늘이
그리고 부드러운 아기 나무들이 필요하다.
변화의 신호들, 조용한 혁명.

이미지들이나 대상들에 덧붙여, 다양한 색상은 창의성의 증진과 연관되어 왔다. 파란색은 발산적 사고와 문제 해결을 갑절로 하게 하는 반면, 빨간색은 더 많은 수렴적 사고를 하게 하거나 하나의 아이디어 혹은 해결책으로 수렴하게 한다(Mehta & Zhu, 2009). 녹색은 사람들이 녹색에 대해 갖는 의식적인 연상들과는 상관없이 창의적 사고의 증가와 연관되어 있다(Lichtenfeld, Elliot, Maier, & Pekrun, 2012).

 ## 요약 및 결론

LEM은 모든 사람이 자신의 삶을 풍요롭게 하는 데 도움이 되는 독창적이고 효과적인 방식으로 사물이나 아이디어를 결합하는 것을 존중하도록 북돋는 일상의 창의성을 정의한다. 창의적인 경험들은 당신이 이전에 해 오지 않았던 것을 만들고, 요리하고, 성장시키면서 일어난다. 창의성은 사람들이 일에 완전히 흡수되어 시간이 가는 것을 잊고 경험에 크게 만족하는 긍정적인 몰입 상태와 관련이 있다. 창의적 몰입의 경험은 풍부한 삶을 위한 기초가 되는 지속적인 웰빙의 느낌을 높인다. 놀이는 사람들이 새로운 아이디어와 경험에 열려 있는 창의적 활동을 위한 시간을 만드는 한 가지 방법이다. 놀이 중에 사람들은 계획 없이 행동하며, 이것은 아이디어와 사건들의 자연스러운 생산을 허용한다.

이 장에서는 창의적 몰두, 특히 심리적 자본을 구축할 수 있는 능력, 탁월한 개인의 웰빙과 치료사의 전문적인 수련을 유지하는 깊은 샘물의 많은 긍정적인 효과에 대해 논의했다. 자기수용, 사회적 소속감, 더 높은 힘과의 연결은 모두 창의적인 과정을 통해 이루어진다. 창의적 자아와 연결되는 것은 사람들이 최상의 자아가 될 수 있는 기회를 주기 때문에 자기수용을 향상시킨다. 이 창의적인 연결은 훌륭한 치료사를 지지하는 긍정적인 감정, 자기효능감, 낙관주의의 샘물을 보충한다. 창의적인 경험들은 사람들이 자신에 대한 새로운 통찰력이나 완전한 자기표현의 순간을 경험하게 될 때 특히 삶을 풍성하게 한다. 집단 협업은 흘려보내기, (자신의 도시에서조차도) 이방인이 되는 것, 낯선 사람과의 상호작용, 여행, 집단

내에서 일하는 것과 같은 발산적 사고가 장려되는 상황에서 창의성을 고조시킨다. 창의성에 확실한 우선순위를 부여하라. 당신의 에너지와 시간 그리고 자원들을 투자하면, 하루하루 이미 창의적인 일을 하고 있는 자신을 발견할 수 있다.

창의성과 미술을 통한 성찰

1. 잡지에서 무작위로 한 페이지를 선택하여 찢으세요. 이 페이지에 당신을 위한 특별한 선물인 이미지나 단어가 포함되어 있다고 상상해 보세요. 단어나 이미지를 잘라 내어 새로운 종이에 붙이세요. 이 선물을 더욱 발전시키기 위해 이미지에 다른 요소들을 추가하거나 어떻게 이것이 유일한 개인적인 선물이 되는 것인지에 대해 맞춤법, 구두점 또는 문법에 상관없이 10분 동안 글을 쓰세요.

2. 내부 비평가의 반대편인 '내부의 뮤즈(inner muse)'(Wilkinson & Chilton, 2017)의 이미지를 만드세요. 내부의 뮤즈는 창조를 사랑하고 원하는 당신 내면의 일부입니다. 형태를 가지게 하여 그것과 대화하세요. 그것이 당신이 어떻게 창의적인지에 대해 당신에게 이야기하게 하세요.

3. 당신의 창의성을 키우기 위해 필요한 것들의 이미지를 만드세요. 이번 주 달력에서 자신의 창의력을 발휘할 수 있는 '노는 날(play date)'을 위한 시간을 확보하세요.

자기성찰을 위한 질문

1. 당신의 삶에서 당신이 어떤 계획 없이 자발적으로 행동한 적은 언제인가요? 당신의 일주일 동안 아이디어가 그냥 떠오를 수 있는, 계획되지 않은 시간이 있나요?

2. 당신의 하루에 어떤 경험들이 당신에게 몰입 상태를 경험하게 하나요? 그 경험과 하나가 되어 시간이 가는 줄 모르게 느껴지는, 도전적이지만 매력 있는 일은 무엇인가요? 이러한 몰입 경험으로 인해 생겨나는 지속적인 웰빙의 느낌들에 주의를 기울이세요.

최상으로 살기:
깊은 샘물, 넓은 여백, 단단한 경계

> 행복한 삶을 살고 지지하는 가장 좋은 방법은 우리 스스로를 믿는 것이다.
>
> – 세네카(Seneca the Younger, 2016, p. 77)

제1장에서 소개했듯이 풍요로운 삶을 살기 위해서는 깊은 샘물, 넓은 여백, 단단한 경계의 세 가지 요소가 필수적이다. 이것은 또한 훌륭한 임상치료를 계속해 나갈 수 있는 기반이 된다. 당신이 풍요로운 삶을 살 때, 이 개념들은 풍요로운 삶의 모델(Life Enrichment Model: 이하 LEM)이 제안하는 실천들을 통해 북돋아지며 서로를 선순환하며 구성해 나가기 때문에 일상생활의 루틴 안에서 더 큰 역할을 하게 된다. LEM은 풍요로운 삶의 요소들을 이해하고 실천하기 위한 출발점을 제공한다. 이전 장들에서 설명한 것처럼 심리상담사는 LEM을 이용하여 삶의 감각적, 신체적, 감정적, 지적, 상징적, 창의적 측면들을 점검하고 더 나은 삶의 풍요로움을

197

위해 그것들을 주의 깊게 실천하고 향상시킬 방법들을 결정할 수 있게 된다.

깊은 샘물은 심리적 자원들, 신체적 에너지, 영적인 영감으로 채워진다. 이 샘물은 다른 사람들을 돌보기 위해 필요한 깊은 공감적 경험을 제공한다. 넓은 여백을 가진다는 것은 하루 중 휴식을 위한 시간을 가지는 것을 의미한다. 휴식은 때로는 머리를 비우고, 때로는 사색을 위한 시간이지만, 누군가 깨어 있는 삶을 살고 있을 때는 활동들 사이에 항상 시간을 가지는 것이 필요하다. 넓은 여백은 훌륭한 자기돌봄 및 임상실습의 기반인 창의적 실천들과 자기성찰에 주의 깊게 열중할 시간을 갖게 한다. 마지막으로, 개인적인 것과 전문가로서의 활동들 주변의 안정적인 경계들은 풍요로운 삶을 사는 데에 매우 중요하다. 단단한 경계들을 지탱하기 위해 치료사들은 그들 자신의 요구에 초점을 맞추는 것이 이기적인 것이 아니라는 것을 깨달아야 한다. 그것은 자기보호이다. 풍요로운 삶을 살 때 사람들의 신체 건강은 증진되고, 다른 사람들에게 줄 에너지를 더욱 많이 갖게 된다. 좋은 경계들은 개인이 풍요로운 삶을 실천하고 깊은 샘물을 다시 채울 수 있는 시간들을 보호한다.

깊은 샘물

심리적 자원(psychological capital)들은 심리상담사가 훌륭한 치료나 상담을 수행하는 데 필요한 깊은 샘물을 채우는 요소들 중 하나이다. 앞 장에서 소개된 것처럼, 심리적 자원은 희망, 낙관주의, 자기효능감(self-efficacy)으로 구성된다. 이러한 감정들은 컴패션—특히 자신을 향한—을 증진시키고 회복탄력성(resiliency)의 확고한 기반을 제공할 수 있다. 심리적 자원은 또한 '변화를 향한 긍정적이고 적극적인 태도와 지속적인 자기성장'인 '긍정적인 성장능력(positive growth initiative)'과도 관련되어 있다(Meyers et al., p. 50). 지속적인 학습과 커리어를 통한 긍정적인 성장에 대한 기대는 개인의 일에 대한 목적과 열정에 대한 자극을 촉발시킨다. 일에 대한 열정과 일의 목적 및 의미에 대한 확신은 훌륭한 상담사의 업무 수행을 가능케 하는 깊은 샘물을 채우는 또 다른 요소들이다.

유셰프-모건과 루탄스(Youssef-Morgan & Luthans, 2015)는 광범위한 연구 검토를 통해 심리적 자원과 웰빙 사이의 정적(正的) 상관관계를 명확히 밝히고 있다. 저자들은 이 정적 상관관계는 중요한 삶의 영역에서의 성취가 웰빙을 향상시킬 수 있다는 사실을 포함한 여러 요인과 연관되어 있다고 설명한다. 이 누적되는 상호작용 관계는 이전 장에서 설명한 '선순환(virtuous cycle)'을 만들어 낸다. 또한 심리적 자원은 긍정적인 경험들의 인식 및 유지를 촉진할 수 있으므로 웰빙에 오랫동안 지속적인 영향을 준다.

심리적 자원은 사용 가능한 개인 자원들에 대한 긍정적 평가를 높이고, 부정적 편향에 대한 편견을 완화시키며, '쾌락 적응(hedonic adaptation)'의 가능성을 낮춘다(Youssef-Morgan & Luthans, 2015). 쾌락 적응은 인간의 감정이 뚜렷하게 긍정적이거나 부정적인 삶의 사건에 의해 급증한 직후 일상적 수준의 행복으로 곧 돌아오게 되는 경향을 말한다(Quoidbach & Dunn, 2013). 그러나 한주 동안의 짧은 시간만이라도 좋아하는 활동을 멈추면 쾌락 적응을 줄일 수 있다. 경험의 다양성을 증가시키는 것만으로 쾌락 적응은 예방될 수 있다. 다양한 삶의 목표들을 위해 노력하는 것은 쾌락 적응의 심화를 막고 웰빙을 유지하는 데에 도움이 될 수 있다(Youssef-Morgan & Luthans, 2015).

샘물 보충하기

심리적 자원과 관련된 희망과 효능감을 느끼는 것은 개개인의 뛰어난 능력과 성과들을 부추긴다. 탄력성과 낙관주의는 상황에 대한 긍정적인 평가와 성공의 예견을 고취시킨다(Youssef-Morgan & Luthans, 2015). 실력 있는 심리상담사와 심리적 자원이 어떻게 연관되어 있는지는 쉽게 알 수 있기에, 심리적 자원을 늘려 삶의 풍요로움과 상담사의 전문성을 강화시킬 깊은 샘물을 보충하는 방법을 이해할 수 있다. 심리적 자원은 교육과 중재 그리고 연습을 통해 개발될 수 있다(Meyers et al., 2015). 장점 기반 개입과 결점 기반 개입 모두 심리적 자원을 증가시킬 수 있지만, 장점 기반 개입이 희망을 더욱 크게 증가시켰다(Meyers et al., 2015).

이러한 유형의 학습을 위한 합리적인 방법은 멘토링, 임상 슈퍼비전 또는 동료 상담 집단을 통해 이루어진다. 나의 경험상 슈퍼비전 시간은 종종 '문제 내담자들(problem clients)' 또는 인지된 치료의 오류에 대한 토론으로 채워져 있었다. 일에서의 부정적인 측면에 대한 끊임없는 관심은 탄력성을 약화시키고 직업적 소진(professional burnout)에 기여하는 요소가 될 수 있다. 잘되는 일을 갈고 다듬는 것도 마찬가지로 중요하다. 따라서 일의 성공에 중점을 두는 것이 심리적 자원 구축의 출발점으로 권장된다. 이 긍정적인 초점은 친구나 가족과 함께 일에 대해 이야기할 때에도 중요하다. 보편적인 부정적 편향 때문에 사람들은 쉬이 불평하는 경향이 있다. 끊임없는 불평은 당신의 웰빙을 침식할 것이다. 당신의 업무에 관해 가능한 한 긍정적으로 대하다 보면, 보다 긍정적인 면을 발견하게 될 것이다.

심리상담사를 위한 메모

당신이 잘 해낸 것에 대한 슈퍼비전이나 동료의 평가에 대해 잊지 말고 집중하세요. 찾아낸 약점에 관해 이야기하기 전에, 당신의 성공을 먼저 축하하세요.

일에 대한 만족은 샘물을 채우는 또 다른 요소이다. 치료사에게는 성공적인 치료 업무에 필요한 감정적 관계의 강력한 경험을 강조하는 '컴패션 만족(compassion satisfaction)'이라는 특별한 유형의 직무 만족이 생긴다(Figley & Ludick, 2017). 컴패션 만족은 치료사가 다른 사람을 돕는 데서 얻은 만족감과 같은, 일을 잘했을 때 느끼는 성취감 또는 즐거움을 의미한다. 이러한 만족감은 외상성 스트레스의 발병을 예방할 수 있다. 직무 만족에서 오는 보호 효과는 감정에 뿌리를 두고 있어, 외상 후 성장의 의미를 찾아내고 개발하는 것과는 다르다. 긍정적인 감정들은 주의집중을 돕고 부정적 사건들의 긍정적인 재구성을 허용하여 공감의 만족도를 더욱 높일 수 있다(Samios, Abel, & Rodzik, 2013).

일반적으로 긍정적인 감정의 증가는 심리적 자원을 증가시키는 또 다른 방법이다(Youssef-Morgan & Luthans, 2015). 이전 장들에서 증명된 바와 같이, 긍정적인 감정을 늘리는 것은 풍요로운 삶의 한 측면이다. '오늘 잘된 것과 그 이유'를 나열해 보고 최고의 전문가가 된 자신의 잠재성에 대해 글을 쓰는 것처럼 감사함에 초점을 맞추는 것은 긍정적인 감정을 높일 수 있다(Hanson & Hanson, 2018; Seligman, 2012). 자신의 대표적 강점을 발휘하고 긍정적인 기억을 음미하는 것 또한 긍정적인 감정을 증가시키고 샘물을 보충하는 방법들이다. 항우울 효과가 있는 것으로 입증된 규칙적인 신체 운동을 통해서도 긍정적인 감정은 생성되고 유지된다(Garcia et al., 2012; Hogan et al., 2013; Sharma, Madaan, & Petty, 2006).

풍요로운 삶을 사는 것은 사람들을 서로 더욱 공감하는 공동체의 구성원으로 만들고, 의미 있는 방식으로 서로를 더욱 돕도록 하는 컴패션으로 깊은 샘물을 가득 채운다. 관능성과 동작은 우리의 삶의 질을 평범한 것을 넘도록 고양시키는, 풍요로운 삶의 깊은 샘물을 위한 신체적 기반이다. 관능적인 경험들은 풍요로운 삶을 특징짓는 긍정, 이해, 공감의 깊은 샘물을 채우는 아름다움과 긍정적인 감정을 불러일으킨다. 또한 기쁨, 만족감, 자부심, 특히 경외심과 같은 긍정적인 감정을 경험하면 전염증성 단백질(pro-inflammatory proteins)의 수준을 감소시켜 면역 기능을 향상시키는 것으로 나타났다(Hanson & Hanson, 2018; Stellar et al., 2015). 긍정적인 감정은 마음을 풍요롭게 할 뿐만 아니라 몸을 건강하게 한다. 나는 종종 내담자들에게 경외감을 불러일으키는 이미지를 만들도록 제안한다. 이런 방식으로 그들은 상대적으로 드물게 일어나는 사건들을 지속적으로 강력하게 연상할 수 있게 된다. [그림 11](144쪽)은 요세미티의 캠핑 여행에서 별이 빛나는 밤하늘을 보며 경외심을 불러일으켰던 경험을 기억하고자 내담자가 만든 콜라주이다. 경험이 끝난 후에도 이미지는 놀라움의 감정을 계속 만들어 냈다.

또한 일은 우리의 삶에 필수적이며 우리의 정체감에도 영향을 미치기 때문에, 직무와 관련한 확고한 의미와 목적을 갖는 것은 풍요로운 삶을 사는 데 필수적이다. 의미와 목적은 훌륭한 치료사를 뒷받침하는, 심리적 자원들의 깊은 샘물을 다시 채우는 추가적 요소들이다. 직업 특징, 성격 특성, 직업 동기가 모두 함께 작용할 때 심리상담사는 뜻깊음을 경험한다. 실제로 의미를 만드는 것에 몰두하는 능력은 심리적 성장의 발달을 나타내는 것 중 하나이다.

넓은 여백

내담자들의 풍요로운 삶을 위해 내가 권유하는 한 방법은 '넓은 여백(wide margins)'을 갖고 사는 것이다. 넓은 여백을 갖고 살기 위해서는 우선 그것이 왜 중요한지 이해해야 한다. 빠르게 변화하는 사회는 끊임없이 우리에게 더 많은 일을 하고 여백이 없이 살아가게 한다. 여백이 없이 사는 것은 갓길이 없는 좁은 길에서의 운전과 마찬가지로 불안감을 생기게 할 수 있다. 넓은 여백과 함께하는 삶을 묘사한다면, 나는 의도적으로 활동들 간에 필요하다고 생각되는 것보다 더 많은 시간을 둔다. 나는 한 회의의 종결과 다른 회의의 시작 사이를 최대한 멀게 계획한다. 나는 밤의 활동을 끝내고 잠자리에 들기까지 최소 30분간의 휴식 시간을 갖는다. 나는 한 곳에서 다른 곳으로 갈 때 적어도 두 배쯤 시간을 늘려 계획한다. 예를 들자면, 나는 외래 진료소와 병원 사이를 반복해서 일한다. 서두르면 13분 안에 도어 투 도어(door to door)로 두 장소를 돌 수 있지만, 나는 이 장소들 사이의 왕래에 30분 정도의 시간을 계획한다. 이 여분의 시간은 속도 제한에 맞게 운전하고 정지 표지판에서 조심스럽게 멈추며 아름다운 경치를 즐길 수 있는 여유를 준다. 그것은 내가 잠시 멈추어 어느 곳에서든 인사하는 사람들과 말할 시간을 갖게 한다. 나는 의미 있는 마주침, 아름다운 경관, 그리고 깨어 있는 잠깐의 멈춤으로 매일 나의 삶을 풍요롭게 할 수 있다. 우리의 생각보다 필요한 것을 성취하기 위한 시간은 많다. 우리는 서두를 필요가 없다. 우리의 삶들은 더 느린 속도로 풍요로워진다 (Honoré, 2004; Sunim, 2017).

언젠가 들기로, 한 마음챙김 명상 강사는 학생들에게 매번 어떤 일을 하기 전에 스스로에게 "나에게는 시간이 있다."라고 말한 뒤, 마음과 몸에 미치는 그 영향을 느끼게 한다고 한다. 사람들은 시간이 있다고 스스로에게 말할 때, 심호흡을 하며 긴장을 풀고 자신이 해야 할 일이 무엇이든 마음을 담아 시간을 할애할 수 있다. 이 짧은 문구가 서두에 있을 때, 활동은 더 침착하게 그리고 즐겁게 끝나게 될 것이다. 깊은 심호흡은 자율신경계의 부교감신경 분지 (parasympathetic branch)를 활성화하고 스트레스 반응 후 회복이 시작되도록 한다.

위급한 상황의 경우, 스트레스 반응은 교감신경계와 투쟁-도피 반응(fight-or-flight response)을 활성화하기 위한 것이다. 위급한 상황이 끝난 후, 부교감신경계는 신체가 스트레스가 없는 기본 상태로 되돌아가는 것을 용이하게 한다(Bracha, 2004). 그러나 사람들이 하루 종일 서두른다면, 시간의 압박이 스트레스 반응과 교감신경계를 만성적으로 활성화시켜 부교감신경계는 회복의 기회를 잃는다. 만성적인 시간 압박이나 여타 스트레스의 요인들은 비만, 심장 질환, 우울증과 같은 많은 부정적 증상과 연관되어 있다(Kakiashvili, Leszek, & Rutkowski, 2013).

반대로, 넓은 여백이 있는 삶은 매일 아침 커피숍을 들르는 것에서부터 저녁 식사를 만드는 것까지 여가 시간이 각 일상의 상호작용에 스며들어 있는 것을 의미한다. 의도적인 잠깐의 멈춤은 즐거움과 신체적 이완을 증가시킨다. 장미의 향기를 맡는 시간은 육체적·심리적 웰빙을 높인다. 실제로 한 연구는 사람들이 신선한 장미의 향기를 들이마시려고 잠시 멈추었을 때 부교감신경계의 활성화가 증가하고 자체 평가 스트레스는 감소한 것을 밝혀냈다(Igarashi, Song, Ikei, Ohira, & Miyazaki, 2014).

하루 중 잠시 쉬는 것은 자기성찰(self-reflection)을 위한 시간을 제공한다. 사람들이 서두르며 바빠질 때 자기성찰은 불가능하다. 서두름은 얄팍하게 훑어보거나 대충 이해하는 것을 조장하며, 하나의 생각에 깊이 숙고하거나 진정 생각할 시간을 가지기 위해서는 시간이 필요하다. 우리는 어떤 개념이든 우리의 관심을 끌었던 것을 깊이 이해하게 됨으로써 시간을 할애한 것의 보상을 받는다. 그리고 우리가 성찰하기 위해 속도를 늦출 때, 우리는 실제로는 사소한 불편함으로 인해 쉽게 짜증 내는, 혼란스럽고 조급한 자기가 아닌 최상의 자신을 경험할 수 있다. 넓은 여백과 함께 산다는 것은 모든 것을 천천히 한다는 것이 아니라, 모든 것이 각각 적절한 템포를 가지고 있으며 효율적인 것과 호사로움 사이의 균형을 이루며 산다는 것이다(Honoré, 2004). 생각과 행동의 호사로움을 누리는 것은 풍요로운 삶의 한 요소이다.

단단한 경계

[그림 11-1]의 다이어그램은 풍요로운 삶을 지원하는 데 필요한 몇 가지 경계를 보여 준다. 여기서는 자기돌봄과 삶의 풍요로움을 위한 개인적 경계들, 일하는 적정 업무 시간을 강화하고 직업 환경을 보강하는 직업적 경계들, 내담자와의 윤리적 경계들이 포함된다. 이 책의 다른 부분에서 강조한 것처럼, 모든 유형의 단단한 경

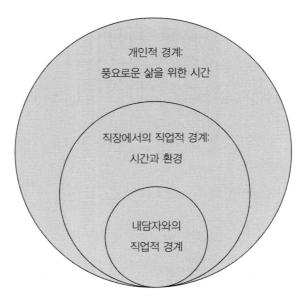

[그림 11-1] 경계들의 도표

계를 만들고 유지하려면 사람들은 자신의 필요에 초점을 맞추는 것이 이기적이지 않고 실제로는 자기보호의 한 형태라는 것을 깨달아야 한다. 끊임없이 부탁을 들어주며 자신의 개인 시간에 대한 자체적 제한선을 어기게 되면, 부탁은 부담스러운 요구 같이 느껴질 것이다. 과중한 부담을 안은 사람은 친절함을 갖고 돕는 것이 아니라 내키지 않은 채 응할 수밖에 없다. 그러므로 치료사들은 샘물을 가득 채우고 기꺼이 헌신하는 능력을 갖기 위해 풍요로움을 위한 개인적 시간들 주위의 좋은 경계를 유지하는 것이 중요하다.

컴패션이 있는 사람들은 한없이 자신을 헌신하지 않는다. 그들은 자신의 장점과 한계를 잘 알고 있으며, 무엇을 얼마나 줄 수 있는지 알고 있다. 그들은 어떤 사람들에게 진심으로 '예'라 하기 위해 누군가의 요청에는 '아니요'라고 한다(Brown, 2010). 어떤 요구에 '아니요'라고 말할 줄 아는 치료사는 자신의 삶을 풍요롭게 하며 훌륭한 커리어를 갖게 할, 긍정적 감정들의 깊은 샘물을 채우는 모든 개인적 경험을 할 시간이 있다. 친절하고 공감할 줄 아는 치료사들은 좋은 경계를 가지고 있다.

명확한 직업적 경계를 갖는 것은 성공하는 심리상담사의 특징이다(Figley & Ludick, 2017; Malinowski, 2014). 탁월한 치료사는 근무 시간에 경계를 설정하여 삶의 풍요와 자기돌봄에 시간과 자원을 사용할 수 있는 능력을 보여 준다(Harrison & Westwood, 2009). 너무 바쁘다고 불평하기 좋아하는 급변하는 사회에서 신체 활동이나 여가 활동을 포기하며 더 많은 일을 하는 것은 하나의 유혹이 될 수 있다. 그러나 경계가 침식되기 시작하면 복구하기 어렵고 큰 손실을 입는다. 대다수의 사람은 좋은 습관과 단단한 경계를 깜박한 후에는 다시 원 궤도로 돌아오기가 어렵다는 것을 안다(McGonigal, 2013). 나아가 수면 부족에 의한 인지 기능 손상은 잘못된 의사결정 및 임상 실습에서 유해한 윤리적 위반도 촉발할 수 있다.

단단한 경계를 만드는 것은 대표적인 강점들을 돋보이게 하고 직장 환경에서 성공할 수 있는 스케줄을 짜는 것이다. 경력 초반의 상담사는 직장 내 업무에서의 관계와 미래의 기회들을 확고히 하기 위해 모든 기회에 응하게 되기가 특히 쉽다. 그러나 많은 사람은 이러한 많은 약속에 모두 응하는 것이 그들에게 즐겁지 않은 업무와 더불어 여가나 풍요로움을 갖기에 너무나 부족한 시간을 남긴다는 것을 깨닫게 된다. 단단한 경계를 갖는 것부터 시작하고 올바른 기회는 제시간에 생겨날 것이라는 점을 믿는 것이 더 나을 것이다. 직업적 경계의 또 다른 측면은 당신의 물리적 공간을 편안하고 쾌적하게 함으로써 당신이 실제 공간을 '소유'하고 있다는 것을 확실히 하는 것이다. 즐거움을 주는 페인트 색상과 식물들을 더하면 직장에서의 웰빙이 촉진될 수 있다.

경계들은 유연해야 할 필요가 있다. 경계들은 개인적이거나 직업적인 요구들의 변화에 맞추어 바뀔 것이다. 그러므로 경계가 여전히 지지적이면서도 지나치게 제한적이지 않게 하기 위해서는 자기성찰이 필요하다. 제6장에서 나는 경계를 검토하는 좋은 시기로 매해의 시작을 추천했다. 신년은 목표와 결심에 대한 성찰을 촉진하기 때문에 삶에서의 직장, 사회, 가족, 여가 및 영적인 측면들과 그들 중 어느 것에 시간을 더 들이고 줄여야 할 필요가 있는지 여부를 평가하기에 좋은 시기이다. 풍요로운 삶을 위한 개인적인 경계와 시간으로 시작하여, LEM은 이 점검을 위한 시작점을 제공한다. 치료사는 LEM을 사용하여 삶의 육체적 · 감각적 · 감정적 · 지성적 · 상징적 · 창의적 측면들과 삶의 풍요로움을 향상시키기 위해서 그것들을 어떻게 강화할 수 있는지를 평가할 수 있다. 자기성찰은 부족한 것들을 보완하는 것뿐만 아니라 제자리에 있는 것들을 존중할 수 있기에 중요하다.

직장에서의 직업적 경계를 더 깊이 탐구하면서, 직장 환경과 관계들뿐만 아니라 수행되는 작업의 유형을 성찰하는 데 시간을 보내는 것은 가치 있는 일이다. 변화는 위협을 느끼게 할 수 있기에 사람들은 매년 같은 일을 하는 경향이 있다. 인간은 태생적으로 안전을 추구하게 되어 있기 때문에 변화한다는 것은 쉬운 일이 아니다. 우리는 안락함을 안전함과 혼동하는 경향이 있어, 친숙해졌으나 더 이상 활기를 주지 않는 직장을 옮기는 것은 어려운 일이다. 작년에 내 직장 생활의 다양한 측면을 스스로 숙고해 보고 어렵게 발견해 낸 것은 내가 15년 넘게 가르쳤던 교수직이 더 이상 기쁨의 원천이 아니라는 사실을 깨달은 놀라움이었다. 이렇게 내 삶의 상태를 검토하지 않았다면, 나는 여전히 친숙하지만 활기를 주지 못하는 일을 하고 있을 것이다.

마지막으로, 훌륭한 임상가는 자신의 업무를 수행하는 동안 내담자의 감정을 혼란스럽게 하지 않으면서 치료관계 내에서 공감을 가능하게 하는 윤리적 경계를 인식하고 있다(Harrison & Westwood, 2009). '절묘한 공감(exquisite empathy)'이라는 용어는 전문 임상가가 내담자와 깊은 공감의 정확성으로 연결되어 있지만 단단한 경계와 함께라는 것을 뜻한다. 이러한 윤리적 경계는 윤리적 규범들을 토대로 하여 치료적 관계 내에서 탄력적으로 일어난다(Hinz,

2011). 내담자들과도 개인 시간을 침해하거나 시간과 에너지에 너무 큰 부담을 초래할 수 있는 요청에는 '아니요'라고 말하는 것이 중요하다. 치료사들은 종종 수수료에 대해 논의하고 자신의 업무에 대한 비용을 청구하는 데 어려움을 겪는다. 그러나 공정한 비용은 훌륭한 상담에 필요한 구성요소이다. 유료화의 설정은 상담 업무의 중요성을 나타내며, 치료사는 자신의 가치를 떨어뜨리지 않는 것이 좋다. 공정한 요금을 부과하는 것은 사람들이 일에 자부심을 가지도록 도와주며, 너무 적은 돈으로 낙담하거나 분개하지 않게 한다.

역동적 균형

LEM 구성요소 간 역동적 균형의 중요성은 유연한 행동을 장려하는 데 있다. '역동적 균형(dynamic balance)'이란 어떤 LEM 수준의 한쪽 측면의 활동이 다른 측면의 활동과 함께 수행된다는 것을 의미한다. 그 활동들은 서로 균형을 유지한다. 역동적인 균형 안에서 행동하는 것은 사람들이 최상으로 기능하고 있다는 것을 의미하기 때문에 좋은 기분을 갖게 한다. 몇 가지 예를 들면, 다음과 같다. 지성과 상징주의는 한 사람이 풍부한 상징적 순간의 꿈에서 깨어나 그 의미를 해독하고자 할 때 함께 작용한다. 그 사람이 꿈 이야기를 쓰거나 전날의 사건과 관련시키려 한다면, 상징주의는 지적 활동과 균형을 맞추게 된다. 그다음에는 보편적 의미들과 개인적 상징들(이전 꿈들의 상징들)을 고려할 수 있으므로 상징주의로 되돌아가게 된다. 이 전후 활동은 순수하게 지적이거나 상징적인 경로보다 꿈의 메시지와 의미를 더 쉽고 완전하게 발견하게 한다.

다음 LEM 수준을 고려해 볼 때, 사람들은 삶의 패턴과 루틴을 평가하여 일상생활의 감정을 진정시킨다. 만약 일반적으로 경험되는 감정이 불안이나 시간 압박이라면, 루틴들은 일상적인 걱정들을 잠재운다. 사람들은 주중 매일 저녁 식사를 준비하는 것에 대한 매일의 불안감(감정)을 완화하기 위해 주말에 요리를 할 수 있다(루틴). 끝으로, LEM의 마지막 수준에서 운동은 감각과 균형을 이룰 때 기분 좋게 느껴진다. 활발한 운동을 한 후에 마사지를 받거나 샤워를 오래하는 것은 운동으로 인해 만족된 기분을 더욱 좋게 하는, 균형을 잡는 활동이다. 이에 더하여 여기서의 역동적 균형은 음악과 운동을 통해 외부 리듬과 내부 리듬의 균형을 맞추는 것도 포함할 수 있다.

매일 이러한 활동들을 모두 실행해야 할 필요는 없다는 점을 기억하라. 역동적 균형은 항상 이동하고 변화하고 있다. 일주일 내내 대다수의 활동이 일어나고 모든 기간 동안 어느 것도 무시되지 있지 않고 있는 것을 깨달아 보라. 더욱이 만약 당신이 당신의 삶에 대해 성찰한 뒤 어떤 풍요로움을 더할 필요가 있다고 결정했다면, 단숨에가 아니라 점진적으로 더하라. 너무 많은 변화가 동시에 이루어지면 새로운 습관을 유지하는 것이 어려울 수 있으며, 새로운 모든 행동을 그만두어 버릴 수 있다. 한 번에 하나의 새로운 요소를 추가하고 새로운 행동을 기존 요소에 연결하는 것은 변화를 용이하게 하는 데 도움이 된다(Duhigg, 2014).

📖 요약 및 결론

풍요로운 삶의 세 가지 필수 요소는 깊은 샘물, 넓은 여백, 단단한 경계이다. 깊은 샘물은 심리적 자원, 육체의 활력, 영적인 영감으로 가득 차 있다. 훌륭한 임상 업무를 수행하는 데 필요한 에너지와 공감의 비축을 제공하는 샘물은 긍정적인 감정들을 증가시키고, 감사함에 집중하며, 성취한 것들은 잊지 말고 축하함으로써 보충된다. 경외감을 주는 경험들은 신체적 · 정신적 웰빙을 향상시키고 긍정적인 감정으로 샘물을 채우게 한다. 넓은 여백을 가진다는 것은 하루 안에서 마음챙김의 수행과 의미 있는 사회적 상호작용 및 아름다움에 대한 감사를 위한 시간을 갖는다는 것을 의미한다. 넓은 여백은 자기성찰과 창의적 실행에 계획적으로 참여할 수 있는 시간을 보장해 주므로 탁월한 자기돌봄 및 임상 작업을 보장한다. 단단한 경계를 만들고 유지하기 위해서는 치료사들이 그들 자신의 요구에 집중하는 것이 이기적인 것이 아니라는 사실이 격려되어야 한다. 단단한 경계는 각각의 삶의 풍요로움을 위한 시간을 보존하며, 나아가 깊은 샘물을 더욱 신선하게 한다. 또한 적절하게 한계를 설정하는 것은 치료사가 그들의 직업 스케줄, 활동, 환경을 성찰하여 그것들이 삶을 풍요롭게 할 수 있음을 확신하는 시간을 갖게 한다.

풍요로운 삶의 모델(LEM)의 모든 요소와 역동적 균형으로 생활하면 최상의 건강을 유지할 수 있다. LEM의 동작 및 감각 수준은 각 개인에게 고유한 육체적 활력과 스트레스 없는 삶을 촉진하는 감각적 마음챙김의 기초를 강조한다. 이러한 육체적 요소들은 힘을 키우고 스트레스를 줄이기 위한 기초가 된다. 그들은 탁월한 업무에 필요한 지속 가능한 에너지와 공감의 깊은 샘물을 조성한다.

LEM의 다음 수준은 패턴/루틴과 감정들에 중점을 두어 편안함과 긍정적인 감정을 특징으로 하는 삶을 형성하게 한다. 이 수준은 심리적 자본의 깊은 샘물(희망, 자기효능감, 탄력성, 낙관주의)을 보충한다. 이것은 개인의 삶과 일의 실행을 증진시키는 자아와 다른 사람들에 대한 공감을 키우는 데 도움이 된다. 또한 이 수준의 활동은 개인의 삶의 질 향상에 초점을 맞추기 위해 필요한 안정적인 경계들을 강화한다.

LEM의 지성과 상징주의 수준은 풍요로운 삶의 정교한 인지적·영적 측면에 초점을 두고 있다. 그것은 사람들이 삶과 일에서 의미를 발견하고 개인적으로나 보편적으로 의미 있는 활동을 수용하도록 도와준다. 호기심 있는 마음은 사색과 호기심, 학습과 생활을 위한 시간을 보장하는 넓은 여백에 의해 향상된다. 전문적인 기술과 능력에 대한 지식을 얻고 자신감을 가지면, 훌륭한 임상 수행을 부양하는 깊은 샘물 또한 채울 수 있다.

마지막으로, 창의성이란 사물이나 아이디어를 새롭고 유용한 방식으로 합치는 것을 포함하는, 광범위하게 정의된 용어이다. 이러한 계획된 또는 우연한 조합은 몰입(flow) 경험을 고무함으로써 사람들의 삶을 풍요롭게 한다. 사람들은 몰입과 창의성을 통해서 가능한 최고의 자아와 만나게 된다. 또한 창의적인 경험을 공유함으로써 사람들은 최고로 표현된 자신으로 다른 사람들과 더 깊은 관계를 맺으며 최상의 힘을 발휘할 수 있다. 모든 세 가지 유형의 연결들은 넓은 여백이 있는 곳에서 가장 쉽게 일어나며, 풍요로운 삶을 지원하는 깊은 샘물을 다시 채운다.

LEM은 풍요롭고 최상으로 건강한 삶을 잉태하고 창조하기 위한 구조로서 소개되었다. 풍요로운 삶의 결과들은 깊은 샘물, 넓은 여백, 단단한 경계의 필요조건이 된다. 이 모델의 각 구성요소는 삶을 지지하는 깊은 샘물을 다시 채우고, 넓은 여백들을 부여하고, 단단한 경계를 강화하는 필수적 경험들을 제공한다. 이러한 조건들은 LEM 내에서의 의도적인 행위가 더 훌륭한 풍요로움을 제공할 수 있게끔 한다.

풍요로운 삶에 관한 미술을 통한 성찰

1. 넓은 여백을 갖고 사는 것을 기억하도록 영감을 주는 이미지를 만드세요.

2. 당신의 개인 및 직장 생활을 잘 회복시킬 '당신의 샘물을 다시 채우는' 것들을 상기시켜 주는 콜라주를 만드세요.

3. [그림 11-1]의 다이어그램을 템플릿으로 사용하여 개인 및 직장 생활의 경계를 나타내는 다이어그램을 만드세요. 강화되거나 느슨해져야 할 영역들이 있나요?

 자기성찰을 위한 질문

1. 당신이 자주 서두르며 하는 작업, 일을 택하여 더 천천히 해 보세요. 무엇을 알아차렸나요? 어떻게 느껴졌나요?

2. 당신이 일하는 공간을 더 개인적으로, 편안한 또는 매력적인 곳으로 만들 방법이 있나요? 새로운 시각과 느낌을 갖게 돕는 요소들을 추가하세요.

3. 제1장을 읽은 후에 완성했던 풍요로운 삶의 원을 꺼내세요. 그것은 지금 당신에게 어떻게 보이나요? 당신은 당신의 원이 보여 주고 있는 것과 다른 관점을 가지고 있나요?

참고문헌

Aftel, M. (2014). *Fragrant: The secret life of scent.* New York, NY: Riverhead books.

Alexander, B. (2010). Addiction: The view from Rat Park. Available at: www.brucekalexander.com/articles-speeches/rat-park/148-addiction-the-view-from-rat-park.

Alter, A. (2014). *Drunk tank pink: And other unexpected forces that shape how we think, feel, and behave.* New York, NY: Penguin Books.

American Psychological Association (APA). (2017). *Stress in America: The state of our nation.* Stress in America™ Survey. Washington, DC: Author.

Andrade, J. (2010). What does doodling do? *Applied Cognitive Psychology, 24*(1), 100-106.

Arnheim, R. (1966). *Toward a psychology of art: Collected essays.* Berkeley and Los Angeles, CA: University of California Press.

Ashforth, B. E., Kreiner, G. E., & Fugate, M. (2000). All in a day's work: Boundaries and micro role transitions. *The Academy of Management Review, 25*(3), 472-491.

Ashokan, A., Hegde, A., & Mitra, R. (2016). Short-term environmental enrichment is sufficient to counter stress-induced anxiety and associated structural and molecular plasticity in basolateral amygdala. *Psychoneuroendocrinology, 6*(9), 189-196.

Babouchkina, A., & Robbins, S. J. (2015). Reducing negative mood through mandala creation: A randomized controlled trial. *Art Therapy: Journal of* the *American Art Therapy Association, 32*(1), 34–39.

Bagheri-Nesami, M., Espahbodi, F., Nikkhah, A., Shorofi, S., & Charati, J. (2014). The effects of lavender aromatherapy on pain following needle insertion into a fistula in hemodialysis patients. *Complementary Therapies in Clinical Practice, 20*(1), 1–4.

Bak, T. H., Nissan, J. J., Allerhand, M. M., & Deary, I. J. (2014). Does bilingualism influence cognitive aging? *Annals of Neurology, 75*(6), 959–963.

Barnard, L. K., & Curry, J. F. (2011). Self-compassion: Conceptualizations, correlates, & interventions. *Review of General Psychology, 15*(4), 289–303.

Barry, L. (2014). *Syllabus: Notes from an accidental professor.* Montreal, Canada: Drawn and Quarterly Publishers.

Bartoskova, L. (2015). Research into post-traumatic growth in therapists: A critical literature review. *Counselling Psychology Review, 30*(3), 57–68.

Bechdel, A. (2013). *Are you my mother: A comic drama.* New York, NY: Mariner Books.

Bernardi, L., Porta, C., & Sleight, P. (2006). Cardiovascular, cerebrovascular, and respiratory changes induced by different types of music in musicians and nonmusicians: The importance of silence. *Heart, 92*(4), 445–452.

Bilodeau, C., Savard, R., & Lecomte, C. (2012). Trainee shame-proneness and the supervisory process. *The Journal for Counselor Preparation and Supervision, 4*(1), 37–48. Available at: http://repository.wcsu.edu/jcps/vol4/iss1/3

Bowen, D. H., Greene, J. P., & Kisida, B. (2014). Learning to think critically: A visual art experiment. *Educational Researcher, 43*(1), 37–44.

Bowen, M. T., & Neumann, I. D. (2017). Rebalancing the addicted brain: Oxytocin interference with the neural substrates of addiction. *Trends in Neurosciences, 40*(12), 691–708.

Bracha, S. (2004). Freeze, flight, fight, fright, faint: Adaptationist perspectives on the acute stress response spectrum. *CNS Spectrums, 9*(9), 679–685.

Bressler, S. L., & Menon, V. (2010). Large-scale brain networks in cognition: Emerging methods and principles. *Trends in Cognitive Sciences, 14*(6), 277–290.

Breus, M. (2006). *Good night: The sleep doctor's 4-week program to better sleep and better health.* New York, NY: Dutton.

Brown, B. (2010). *The gifts of imperfection: Let go of who you think you're supposed to be and embrace who you are.* Center City, MN: Hazelden.

Brown, Stuart. (2009). *Play: How it shapes the brain, opens the imagination, and invigorates the soul.* New York, NY: Avery/Penguin Group.

Brown, Sunni. (2015). *The doodle revolution: Unlock the power to think differently.* New York, NY: Portfolio.

Brown Taylor, B. (2009). *An altar in the world: A geography of faith.* New York, NY: Harper Collins.

Burns, D. D. (2008). *Feeling good: The new mood therapy.* New York, NY: Harper.

Bush, A. D. (2015). *Simple self-care for therapists: Restorative practices to weave through your workday.* New York, NY: Norton.

Caeyenberghs, K., & Leemans, A. (2014). Hemispheric lateralization of topological organization in structural brain networks. *Human Brain Mapping, 35*(9), 4944–4957.

Campbell, J. (1991). *The power of myth.* New York, NY: Anchor Books.

Canfield, J. (2005). Secondary traumatization, burnout, and vicarious traumatization: A review of the literature as it relates to therapists who treat trauma. *Smith College Studies in Social Work, 75*(2), 81–101.

Caspersen, C. J., Powell, K. E., & Christenson, G. M. (1985). Physical activity, exercise, and physical fitness: Definitions and distinctions for health-related research. *Public Health Reports, 100*(2), 126–131.

Cederström, C., & Spicer, A. (2015). *The wellness syndrome.* Cambridge, UK: Polity Books.

Chatterjee, A. (2015). The neuropsychology of visual art. In J. P. Huston, M. Nadal, F. Mora, L. F. Agnati, C. J. Cela-Conde, J. P. Huston, . . . C. J. Cela-Conde (Eds.), *Art, aesthetics and the brain* (pp. 341–356). London, UK: Oxford University Press.

Chen, M., Fang, S., & Fang, L. (2015). The effects of aromatherapy in relieving symptoms related to job stress among nurses. *International Journal of Nursing Practice, 21*(1), 87–93.

Chozen Bays, J. (2009). *Mindful eating: A guide to rediscovering a healthy and joyful relationship with food.* Boston, MA: Shambhala.

Coffeng, J. K., van Sluijs, E. M., Hendriksen, I. M., van Mechelen, W., & Boot, C. L. (2015). Physical activity and relaxation during and after work are independently associated with the need for recovery. *Journal of Physical Activity & Health, 12*(1), 109-115.

Collier, A. F. (2011). *Using textile arts and handcrafts in therapy with women: Weaving lives back together.* London, UK: Jessica Kingsley Publishers.

Connaughton, J., Patman, S., & Pardoe, C. (2014). Are there associations among physical activity, fatigue, sleep quality and pain in people with mental illness? A pilot study. *Journal of Psychiatric and Mental Health Nursing, 21*(8), 738-745.

Coolridge, S. T. (1853). *Works: Prose and verse complete.* Philadelphia, PA: Crissy & Markley.

Csikszentmihalyi, M. (2008). *Flow: The psychology of optimal experience.* New York, NY: Harper.

Curry, N. A., & Kasser, T. (2005). Can coloring mandalas reduce anxiety? *Art Therapy: Journal of the American Art Therapy Association, 22*(2), 81-85.

Dawkins, S., Martin, A., Scott, J., & Sanderson, K. (2013). Building on the positives: A psychometric review and critical analysis of the construct of Psychological Capital. *Journal of Occupational and Organizational Psychology, 86*(3), 348-370.

Deehan, G. J., Palmatier, M. I., Cain, M. E., & Kiefer, S. W. (2011). Differential rearing conditions and alcohol-preferring rats: Consumption of and operant responding for ethanol. *Behavioral Neuroscience, 125*(2), 184-193.

de Montaigne, M. (1999). The Essays. In C. B. Guignon (Ed.), *The good life: Reading in philosophy* (pp. 183-198). Indianapolis, IN: Hackett Publishing. (Original work published 1580).

De Oliveira, I. R., Seixas, C., Osório, F. L., Crippa, J. S., De Abreu, J. N., Menezes, I. G., & . . . Wenzel, A. (2015). Evaluation of the psychometric properties of the cognitive distortions questionnaire (CD-quest) in a sample of undergraduate students. *Innovations in Clinical Neuroscience, 12*(7-8), 20-27. Retrieved from: http://innovationscns.com/.

Dijkstra, K., Pieterse, M. E., & Pruyn, A. (2008). Stress-reducing effects of indoor plants in the built healthcare environment: The mediating role of perceived attractiveness. *Preventive Medicine, 47*(3), 279-283.

Dobek, C. E., Beynon, M. E., Bosma, R. L., & Stroman, P. W. (2014). Music modulation of pain perception and pain-related activity in the brain, brain stem, and spinal cord: A functional magnetic resonance imaging study. *The*

Journal of Pain, 15(10), 1057–1068.

Duckworth, A. (2016). *Grit: The power of passion and perseverance*. New York, NY: Scribner.

Duhigg, C. (2014). *The power of habit: Why we do what we do in life and business*. New York, NY: Random House.

Edelkott, N., Engstrom, D. W., Hernandez-Wolfe, P., & Gangsei, D. (2016). Vicarious resilience: Complexities and variations. *American Journal of Orthopsychiatry, 86*(6), 713–724.

Ekman, P. (2007). *Emotions revealed: Recognizing faces and feelings to improve communication and emotional life* (2nd ed.). New York, NY: Holt Paperbacks.

Elavsky, S. (2010). Longitudinal examination of the exercise and self-esteem model in middle-aged women. *Journal of Sport & Exercise Psychology, 32*(6), 862–880.

Eliot, T. S. (1964). *Selected Essays of T. S. Eliot*. (New edition). New York, NY: Harcourt, Brace & World.

Emmons, R. A., & McCullough, M. E. (2003). Counting blessings versus burdens: An experimental investigation of gratitude and subjective well-being in daily life. *Journal of Personality and Social Psychology, 84*(2), 377–389.

Feldman Barrett, L. (2017). *How emotions are made: The secret life of the brain*. New York, NY: Houghton Mifflin Harcourt.

Ferrucci, P. (2009). *Beauty and soul: The extraordinary power of everyday beauty to heal your life*. New York, NY: Tarcher.

Figley, C. R., & Ludick, M. (2017). Secondary traumatization and compassion fatigue. In S. N. Gold (Ed.), *APA handbook of trauma psychology: Foundations in knowledge* (pp. 573–593). Washington, DC: American Psychological Association.

Fincher, S. F. (2000). *Coloring mandalas: For insight, healing and self-expression*. Boston, MA: Shambhala.

Fischer, E. (1959). *The necessity of art*. New York, NY: Penguin Books.

Fishel, A. K. (2015). *Home for dinner: Mixing food, fun, and conversation for a happier family and healthier kids*. San Francisco, CA: American Management Association.

Flausino, N. H., Da Silva Prado, J. M., De Queiroz, S. S., Tufik, S., & De Mello, M. T. (2012). Physical exercise performed before bedtime improves the sleep pattern of healthy young good sleepers. *Psychophysiology, 49*(2), 186–192.

Forgeard, M. C., Mecklenburg, A. C., Lacasse, J. J., & Jayawickreme, E. (2014). Bringing the whole universe to order: Creativity, healing, and posttraumatic growth. In J. C. Kaufman (Ed.), *Creativity and mental illness* (pp. 321–342). New York, NY: Cambridge University Press.

Forkosh, J., & Drake, J. E. (2017). Coloring versus drawing: Effects of cognitive demand on mood repair, flow, and enjoyment. *Art Therapy: Journal of the American Art Therapy Association, 34*(2), 75–82.

Forrer, K. (2015). Synchronicity: Did Jung have it right? *International Journal of Dream Research, 8*(2), 152–163.

Fox, M. (2002). *Illuminations of Hildegard of Bingen* (2nd ed.). Rochester, VT: Bear & Company.

Fredrickson, B. L. (2001). The role of positive emotions in positive psychology: The broaden-and-build theory of positive emotions. *American Psychologist, 56*(3), 218–226.

Frederiksen, K. S., Verdelho, A., Madureira, S., Bäzner, H., O'Brien, J. T., Fazekas, F., & . . . Waldemar, G. (2015). Physical activity in the elderly is associated with improved executive function and processing speed: The LADIS study. *International Journal of Geriatric Psychiatry, 30*(7), 744–750.

Galaj, E., Manuszak, M., & Ranaldi, R. (2016). Environmental enrichment as a potential intervention for heroin seeking. *Drug and Alcohol Dependence, 16*(3), 195–201.

Galán, I., Meseguer, C. M., Herruzo, R., & Rodríguez-Artalejo, F. (2010). Self-rated health according to amount, intensity and duration of leisure time physical activity. *Preventive Medicine: An International Journal Devoted to Practice And Theory, 51*(5), 378–383.

Garcia, D., Archer, T., Moradi, S., & Andersson-Arntén, A. (2012). Exercise frequency, high activation, positive affect, and psychological wellbeing: Beyond age, gender, and occupation. *Psychology, 3*(4), 328–336.

Garcia, R. L., & Hand, C. J. (2016). Analgesic effects of self-chosen music type on cold pressor-induced pain: Motivating vs. relaxing music. *Psychology of Music, 44*(5), 967–983.

Gentzler, A. L., Palmer, C. A., & Ramsey, M. A. (2016). Savoring with intent: Investigating types of and motives for responses to positive events. *Journal* of *Happiness Studies, 17*(3), 937-958.

Gibson, D. (2017, November). A visual conversation with trauma: Using a visual journal to combat vicarious trauma. Paper presented at the 48th annual American Art Therapy Association Conference, Albuquerque, NM.

Gilbert, D. T., Pinel, E. C., Wilson, T. D., Blumberg, S. J., & Wheatley, T. P. (1998). Immune neglect: A source of durability bias in affective forecasting. *Journal of Personality and Social Psychology, 75*(3), 617-638.

Ginot, E. (2012). Self-narratives and dysregulated affective states: The neuropsychological links between self-narratives, attachment, affect, and cognition. *Psychoanalytic Psychology, 29*(1), 59-80.

Goleman, D. (2005). *Emotional intelligence: Why it can matter more than IQ.* New York, NY: Bantam.

Grandin, T., & Panek, R. (2013). *The autistic brain: Helping different kinds of minds succeed.* New York, NY: Houghton Mifflin.

Greenspan, M. (2003). *Healing through the dark emotions: The wisdom of grief, fear, and despair.* Boston, MA: Shambhala.

Gross, J. J. (2014). *Handbook of emotion regulation* (2nd ed.). New York, NY: Guilford.

Haar, J. M., Russo, M., Suñe, A., & Ollier-Malaterre, A. (2014). Outcomes of work-life balance on job satisfaction, life satisfaction and mental health: A study across seven cultures. *Journal of Vocational Behavior, 85*(3), 361-373.

Hall, K. (2012). *Zentangle untangled: Inspiration, and prompts for meditative drawing.* Cincinnati, OH: North Light Books.

Hanson, R. (2017, May). H.E.A.L. your creativity and grow your resources. Createfest: The second annual online creativity festival for mental health professionals.

Hanson, R., & Hanson, F. (2018). *Resilient: How to grow an unshakable core of calm, strength, and happiness.* New York, NY: Harmony Books.

Harris, P. R. (2011). Self-affirmation and the self-regulation of health behavior change. *Self and Identity, 10*(3), 304-314.

Harrison, R. L., & Westwood, M. J. (2009). Preventing vicarious traumatization of mental health therapists: Identifying protective practices. *Psychotherapy: Theory, Research, Practice, Training, 46*(2), 203-219.

Harter, S. L. (2007). Visual art making for therapist growth and self-care. *Journal of Constructivist Psychology, 20*(2), 167-182.

Hartescu, I., Morgan, K., & Stevinson, C. D. (2015). Increased physical activity improves sleep and mood outcomes in inactive people with insomnia: A randomized controlled trial. *Journal of Sleep Research, 24*(5), 526-534.

Henderson, P., Rosen, D., & Mascaro, N. (2007). Empirical study on the healing nature of mandalas. *Psychology of Aesthetics, Creativity, and the Arts, 1*(3), 148-154.

Hinz, L. D. (2006). *Drawing from within: Using art to treat eating disorders.* London, UK: Jessica Kingsley Publishers.

Hinz, L. D. (2009). *Expressive Therapies Continuum: A framework for using art in therapy.* New York, NY: Routledge.

Hinz, L. D. (2011). Embracing excellence: A positive approach to ethical decision making. *Art Therapy: Journal of the American Art Therapy Association, 28*(4), 1-4.

Hoang, T. D., Reis, J., Zhu, N., Jacobs, D. J., Launer, L. J., Whitmer, R. A., & . . . Yaffe, K. (2016). Effect of early adult patterns of physical activity and television viewing on midlife cognitive function. *JAMA Psychiatry, 73*(1), 73-79.

Hogan, C. L., Mata, J., & Carstensen, L. L. (2013). Exercise holds immediate benefits for affect and cognition in younger and older adults. *Psychology and Aging, 28*(2), 587-594.

Hollis, J. (2008). *Why good people do bad things: Understanding our darker selves.* New York, NY: Avery Press.

Holton, M. K., Barry, A. E., & Chaney, J. D. (2016). Employee stress management: An examination of adaptive and maladaptive coping strategies on employee health. *Work: Journal of Prevention, Assessment & Rehabilitation, 53*(2), 299-305.

Honoré, C. (2004). *In praise of slowness: Challenging the cult of speed.* New York, NY: Harper Collins.

Howard, S., & Hughes, B. M. (2008). Expectancies, not aroma, explain impact of lavender aromatherapy on psychophysiological indices of relaxation in young healthy women. *British Journal of Health Psychology, 13*(4), 603-617.

Hsieh, C., Kong, J., Kirsch, I., Edwards, R. R., Jensen, K. B., Kaptchuk, T. J., & Gollub, R. L. (2014). Well-loved music robustly relieves pain: A randomized, controlled trial. *Plos ONE, 9*(9), 1-8.

Hur, M., Song, J., Lee, J., & Lee, M. S. (2014). Aromatherapy for stress reduction in healthy adults: A systematic review and meta-analysis of randomized clinical trials. *Maturitas, 79*(4), 362-369.

Hurley, D. B., & Kwon, P. (2012). Results of a study to increase savoring the moment: Differential impact on positive and negative outcomes. *Journal of Happiness Studies, 13*(4), 579-588.

Hüttermann, S., & Memmert, D. (2012). Moderate movement, more vision: Effects of physical exercise on inattentional blindness. *Perception, 41*(8), 963-975.

Hwang, E., & Shin, S. (2015). The effects of aromatherapy on sleep improvement: A systematic literature review and meta-analysis. *The Journal of Alternative and Complementary Medicine, 21*(2), 61-68.

Igarashi, M., Song, C., Ikei, H., Ohira, T., & Miyazaki, Y. (2014). Effect of olfactory stimulation by fresh rose flowers on autonomic nervous activity. *The Journal of Alternative and Complementary Medicine, 20*(9), 727-731.

Jackowska, M., Brown, J., Ronaldson, A., & Steptoe, A. (2016). The impact of a brief gratitude intervention on subjective well-being, biology and sleep. *Journal of Health Psychology, 21*(10), 2207-2217.

Jacobi, J. (1961). *Psychological reflections: An anthology of the writings of C. G. Jung.* New York, NY: Harper.

Jha, T., Pawar, A., Jha, K. M., Monga, M., Mondal, S., & Gandhi, A. (2015). The effect of Indian classical music on migraine episodes in young females of age group 18 to 23 years. *Music and Medicine, 7*(4), 24-31. Retrieved from: http://mmd.iammonline.com/index.php/musmed/article/view/431/0.

Jose, P. E., Lim, B. T., & Bryant, F. B. (2012). Does savoring increase happiness? A daily diary study. *The Journal of Positive Psychology, 7*(3), 176-187.

Joseph, S., Murphy, D., & Regel, S. (2012). An affective-cognitive processing model of post-traumatic growth. *Clinical Psychology and Psychotherapy, 19*(4), 316-325.

Joyce Carol Oats Writes Memoir of Grief (2011). Retrieved from: www.cbsnews.com/news/joyce-carol-oates-writes-memoir-of-grief/.

Kagge, E. (2017). *Silence: In the age of noise.* New York, NY: Viking Press.

Kagin, S. L., & Lusebrink, V. B. (1978). The expressive therapies continuum. *Art Psychotherapy, 5*(4), 171-180.

Kahneman, D. (2011). *Thinking, fast and slow.* New York, NY: Farrar, Straus and Giroux.

Kakiashvili, T., Leszek, J., & Rutkowski, K. (2013). The medical perspective on burnout. *International Journal of Occupational Medicine and Environmental Health, 26*(3), 401–412.

Kaminsky, P. (2013). *Culinary intelligence: The art of eating healthy (and really well)*. New York, NY: Vintage.

Kavoor, A. R., Mitra, S., Mahintamani, T., & Chatterjee, S. S. (2015). Primary prevention of Alzheimer's disease in developing countries. *Clinical Psychopharmacology and Neuroscience, 13*(3), 327.

Keats, J. (1899). *The complete poetical works and letters of Keats: Cambridge edition* (Edited by H. E. Scudder). Boston, MA: Houghton Mifflin.

Kelley, T., & Kelley, D. (2013). *Creative confidence: Unleashing the creative potential within us all*. New York, NY: Crown Books.

Kersten, A., & van der Vennet, R. (2010). The impact of anxious and calm emotional states on color usage in pre-drawn mandalas. *Art Therapy: Journal of the American Art Therapy Association, 27*(4), 184–189.

Kiecolt-Glaser, J. K., Graham, J. E., Malarkey, W. B., Porter, K., Lemeshow, S., & Glaser, R. (2008). Olfactory influences on mood and autonomic, endocrine, and immune function. *Psychoneuroendocrinology, 33*(3), 328–339.

Kim, J. (2015). Physical activity benefits creativity: Squeezing a ball for enhancing creativity. *Creativity Research Journal, 27*(4), 328–333.

Kim, S., & Ki, J. (2014). A case study on the effects of the creative art therapy with stretching and walking meditation—Focusing on the improvement of emotional expression and alleviation of somatisation symptoms in a neurasthenic adolescent. *The Arts in Psychotherapy, 41*(1), 71–78.

King, A. J. (2017). Using comics to communicate about health: An introduction to the symposium on visual narratives and graphic medicine. *Health Communication, 32*(5), 523–524.

Kinsbourne, M. (2011). Repetitive movements and arousal. In D. Fien (Ed.), *The neuropsychology of autism* (pp. 367–394). London, UK: Oxford University Press.

Kirste, I., Nicola, Z., Kronenberg, G., Walker, T. L., Liu, R. C., & Kempermann, G. (2015). Is silence golden? Effects of auditory stimuli and their absence on adult hippocampal neurogenesis. *Brain Structure and Function, 220*(2), 1221–1228.

Koch, S., Kunz, T., Lykou, S., & Cruz, R. (2014). Effects of dance movement therapy and dance on health-related psychological outcomes: A meta-analysis. *The Arts in Psychotherapy, 41*(1), 46-64.

Kohn, M., Belza, B., Petrescu-Prahova, M., & Miyawaki, C. E. (2016). Beyond strength: Participant perspectives on the benefits of an older adult exercise program. *Health Education & Behavior, 43*(3), 305-312.

Kondo, M. (2014). *The life-changing magic of tidying up.* New York, NY: Ten Speed Press.

Kopcsó, K., & Láng, A. (2017). Regulated divergence: Textual patterns, creativity and cognitive emotion regulation. *Creativity Research Journal, 29*(2), 218-223.

Kottler, J. A. (2017). *On being a therapist* (5th ed.). London, UK: Oxford University Press.

Kredlow, M. A., Capozzoli, M. C., Hearon, B. A., Calkins, A. W., & Otto, M. W. (2015). The effects of physical activity on sleep: A meta-analytic review. *Journal of Behavioral Medicine, 38*(3), 427-449.

L'Abate, L. (2016). Intimacy and sharing hurts. In G. R. Weeks, S. T. Fife, & C. M. Peterson (Eds.), *Techniques for the couple therapist: Essential interventions from the experts* (pp. 151-154). New York, NY: Routledge.

Lambert, N. M., Fincham, F. D., & Stillman, T. F. (2012). Gratitude and depressive symptoms: The role of positive reframing and positive emotion. *Cognition and Emotion, 26*(4), 615-633.

Lao, T. (1996). *Tao Teh King. Interpreted as nature and intelligence* (A. J. Baum, Trans.). Freemont, CA: Jain Publishing. (original work published 6th century B.C.E.)

Layous, K., Nelson, S. K., & Lyubomirsky, S. (2013). What is the optimal way to deliver a positive activity intervention? The case of writing about one's best possible selves. *Journal of Happiness Studies, 14*(2), 635-654.

Lehrer, J. (2012). *Imagine: How creativity works.* New York: Houghton Mifflin.

Lesiuk, T. (2008). The effect of preferred music listening on stress levels of air traffic controllers. *The Arts in Psychotherapy, 35*(1), 1-10.

Levitin, D. J. (2007). *This is your brain on music: The science of a human obsession.* New York, NY: Plume/Penguin.

Li, Q. (2018). *Forest bathing: How trees can help you find health and happiness.* New York, NY: Penguin Random House.

Lichtenfeld, S., Elliot, A. J., Maier, M. A., & Pekrun, R. (2012). Fertile green: Green facilitates creative performance. *Personality and Social Psychology Bulletin, 38*(6), 784-797.

Lillehei, A. S., & Halcon, L. L. (2014). A systematic review of the effect of inhaled essential oils on sleep. *Journal of Alternative and Complementary Medicine, 20*(6), 441-451.

Liu, D. Y., & Thompson, R. J. (2017). Selection and implementation of emotion regulation strategies in major depressive disorder: An integrative review. *Clinical Psychology Review, 57*, 183-194.

Lobel, T. (2014). *Sensation: The new science of physical intelligence.* New York, NY: Atria Books.

Lomas, T., Hefferon, K., & Ivtzan, I. (2014). *Applied positive psychology: Integrated positive practice.* London, UK: Sage Publications.

Longfellow, H. W. (1884). *The poetical works of Henry Wadsworth Longfellow.* Boston, MA: Houghton Mifflin and Company.

Louv, R. (2011). *The nature principle: Human restoration and the end of nature-deficit disorder.* Chapel Hill, NC: Algonquin Books.

Luken, M., & Sammons, A. (2016). Systematic review of mindfulness practice for reducing job burnout. *American Journal of Occupational Therapy, 70*(2), 1-10.

Lusebrink, V. B. (1990). *Imagery and visual expression in therapy.* New York: Plenum Press.

Lusebrink, V. B. (1991). A systems oriented approach to the expressive therapies: The Expressive Therapies Continuum. *The Arts in Psychotherapy, 18*(5), 395-403.

Lusebrink, V. B. (2004). Art therapy and the brain: An attempt to understand the underlying processes of art expression in therapy. *Art Therapy: Journal of the American Art Therapy Association, 21*(3), 125-135.

Lusebrink, V. B. (2010). Assessment and therapeutic application of the Expressive Therapies Continuum: Implications for brain structures and functions. *Art Therapy: Journal of the American Art Therapy Association, 27*(4), 168-177.

Lusebrink, V. B. (2014). Art therapy and neural basis of imagery: Another possible view. *Art Therapy: Journal of the American Art Therapy Association, 31*(2), 87-90.

Lytle, J., Mwatha, C., & Davis, K. K. (2014). Effect of lavender aromatherapy on vital signs and perceived quality of sleep in the intermediate care unit: A pilot study. *American Journal of Critical Care, 23*(1), 24-29.

MacLean, P. D. (1985). Evolutionary psychiatry and the triune brain. *Psychological Medicine, 15*(2), 219-221.

Malinowki, A. J. (2014). *Self-care for the mental health practitioner: The theory, research, and practice of preventing and addressing the occupational hazards of the profession.* London, UK: Jessica Kingsley Publishers.

Martela, F., & Steger, M. F. (2016). The three meanings of meaning in life: Distinguishing coherence, purpose, and significance. *The Journal of Positive Psychology, 11*(5), 531-545.

McCormack, L., & Adams, E. L. (2016). Therapists, complex trauma, and the medical model: Making meaning of vicarious distress from complex trauma in the inpatient setting. *Traumatology, 22*(3), 192-202.

McGonigal, K. (2013). *The willpower instinct: How self-control works, why it matters, and what you can do to get more of it.* New York, NY: Avery.

McNeill, D. P, Morrison, D. A., & Nouwen, H. J. M. (2006). *Compassion: A reflection on the Christian life* (rev. ed.). New York, NY: Image Books.

Mehta, R., & Zhu, R. (2009). Blue or red? Exploring the effect of color on cognitive task performances. *Science, 323*(5918), 1226-1229.

Meier, A., & Musick, K. (2014). Variation in associations between family dinners and adolescent well-being. *Journal of Marriage and Family, 76*(1), 13-23.

Merton, T. (1983). *No man is an island.* New York, NY: Houghton Mifflin.

Meyers, M. C., van Woerkom, M., de Reuver, R. M., Bakk, Z., & Oberski, D. L. (2015). Enhancing psychological capital and personal growth initiative: Working on strengths or deficiencies. *Journal of Counseling Psychology, 62*(1), 50-62.

Milton, J. (2016). *Areopagitica and other prose works.* Mineola, NY: Courier Dover Publications. (Original work published 1644).

Molino, M., Ghislieri, C., & Cortese, C. G. (2013). When work enriches family-life: The mediational role of professional development opportunities. *Journal of Workplace Learning, 25*(2), 98-113.

Montessori, M. (1967). *The absorbent mind.* New York, NY: Dell.

Morgan, J. P., MacDonald, R. R., & Pitts, S. E. (2015). 'Caught between a scream and a hug': Women's perspectives on music listening and interaction with teenagers in the family unit. *Psychology of Music, 43*(5), 611–626.

Mullenbach, M., & Skovholt, T. M. (2001). Burnout prevention and self-care strategies of expert practitioners. In T. M. Skovholt (Ed.), *The resilient practitioner: Burnout prevention and self-care strategies for counselors, therapists, teachers, and health care professionals* (pp. 163–186). Boston, MA: Allyn & Bacon.

Neff, K. D. (2003). Self-compassion: An alternative conceptualization of a healthy attitude toward oneself. *Self and Identity, 2*(2), 85–101.

Newell, J. M., Nelson-Gardell, D., & MacNeil, G. (2016). Clinician responses to client traumas: A chronological review of constructs and terminology. *Trauma, Violence, & Abuse, 17*(3), 306–313.

Newman, A., Ucbasaran, D., Zhu, F., & Hirst, G. (2014). Psychological capital: A review and synthesis. *Journal of Organizational Behavior, 35*(1), 120–138.

Nezlek, J. B., Newman, D. B., & Thrash, T. M. (2017). A daily diary study of relationships between feelings of gratitude and well-being. *The Journal of Positive Psychology, 12*(4), 323–332.

Niemiec, R. M. (2014). *Mindfulness and character strengths: A practical guide to flourishing.* Cambridge, MA: Hogrefe.

Norcross, J. C., & Guy, J. D. (2007). *Leaving it at the office: A guide to psychotherapist selfcare.* New York, NY: Guilford.

O'Donohue, J. (2008). *To bless the space between us: A book of blessings.* New York, NY: Doubleday.

Osho. (2002). *Fear of intimacy.* [Kindle DX version]. Retrieved from Amazon. com.

Park, C. L., Currier, J. M., Harris, J. I., & Slattery, J. M. (2017). *Trauma, meaning, and spirituality: Translating research into clinical practice.* Washington, DC: American Psychological Association.

Penn, W. (1726). *A collection of the works of William Penn* (Vol. 1). London, UK: J. Sowle Publisher.

Piaget, J. (2000). Piaget's theory. In K. Lee (Ed.), *Childhood cognitive development: The essential readings* (pp. 33–47). Malden, MA: Blackwell Publishing.

Pickett, K., Kendrick, T., & Yardley, L. (2017). 'A forward movement into life': A qualitative study of how, why and when physical activity may benefit depression. *Mental Health and Physical Activity, 12*, 100–109.

Plante, T. G., Gustafson, C., Brecht, C., Imberi, J., & Sanchez, J. (2011). Exercising with an iPod, friend, or neither: Which is better for psychological benefits? *American Journal of Health Behavior, 35*(2), 199–208.

Plato. (1945). *The republic of Plato. F. M. Cornford* (Ed., Trans.). New York, NY: Oxford University Press (Original work published 380 BCE).

Powers, M. B., Asmundson, G. G., & Smits, J. J. (2015). Exercise for mood and anxiety disorders: The state-of-the science. *Cognitive Behaviour Therapy, 44*(4), 237–239.

Puig, A., Baggs, A., Mixon, K., Park, Y. M., Kim, B. Y., & Lee, S. M. (2012). Relationship between job burnout and personal wellness in mental health professionals. *Journal of Employment Counseling, 49*(3), 98–109.

Quiroga Murcia, C., Kreutz, G., Clift, S., & Bongard, S. (2010). Shall we dance? An exploration of the perceived benefits of dancing on well-being. *Arts & Health: An International Journal of Research, Policy and Practice, 2*(2), 149–163.

Quoidbach, J., & Dunn, E. W. (2013). Give it up: A strategy for combating hedonic adaptation. *Social Psychological and Personality Science, 4*(5), 563–568.

Ratey, J. J., & Hagerman, E. (2008). *Spark: The revolutionary new science of exercise and the brain.* New York, NY: Little, Brown, & Company.

Ratey, J. J., & Manning, R. (2015). *Go wild: Eat fat, run free, be social, and follow evolution's other rules for total health and well-being.* New York: Little, Brown, & Company.

Redstone, L. (2015). Mindfulness meditation and aromatherapy to reduce stress and anxiety. *Archives of Psychiatric Nursing, 29*(3), 192–193.

Rehfeld, K., Müller, P., Aye, N., Schmicker, M., Dordevic, M., Kaufmann, J., & . . . Müller, N. G. (2017). Dancing or fitness sport? The effects of two training programs on hippocampal plasticity and balance abilities in healthy seniors. *Frontiers in Human Neuroscience, 11*(305), 1–9.

Richards, R. (2014). A creative alchemy. In S. Moran, D. Cropley, & J. C. Kaufman, (Eds.), *The ethics of creativity* (pp. 119–136). New York, NY: Palgrave Macmillan.

Riley, K. E., & Park, C. L. (2015). How does yoga reduce stress? A systematic review of mechanisms of change and guide to future inquiry. *Health Psychology Review, 9*(3), 379–396.

Rogerson, M. D., Gottlieb, M. C., Handelsman, M. M., Knapp, S., & Younggren, J. (2011). Non-rational processes in ethical decision making. *American Psychologist, 66*(7), 614-623.

Rossner, M., & Meher, M. (2014). Emotions in ritual theories. In J. E. Stets, & J. H. Turner (Eds.), *Handbook of the sociology of emotions* (Vol. 2, pp. 199-220). New York, NY: Springer.

Rozin, P., & Royzman, E. B. (2001). Negativity bias, negativity dominance, and contagion. *Personality and Social Psychology Review, 5*(4), 296-320.

Rudd, M., Vohs, K. D., & Aaker, J. (2012). Awe expands people's perception of time, alters decision making, and enhances well-being. *Psychological Science, 23*(10), 1130-1136.

Runco, M. A., & Jaeger, G. J. (2012). The standard definition of creativity. *Creativity Research Journal, 24*(1), 92-96.

Ruud, E. (2013). Can music serve as a "cultural immunogen"? An explorative study. *International Journal of Qualitative Studies on Health and Well-Being*, 1-12.

Sakuragi, S., & Sugiyama, Y. (2011). Effect of partition board color on mood and autonomic nervous function. *Perceptual and Motor Skills, 113*(3), 941-956.

Saint Irenaeus (180). Against heresies (Book IV, Chapter 20, p. 4). Retrieved from: http://ia802307.us.archive.org/7/items/SaintIrenaeusAgainstHeresies Complete/Saint_Irenaeus_Against_Heresies_Complete.pdf

Salzano, A. T., Lindemann, E., & Tronsky, L. N. (2013). The effectiveness of a collaborative art-making task on reducing stress in hospice caregivers. *The Arts in Psychotherapy, 40*(1), 45-52.

Samios, C., Abel, L. M., & Rodzik, A. K. (2013). The protective role of compassion satisfaction for therapists who work with sexual violence survivors: An application of the broaden-and-build theory of positive emotions. *Anxiety, Stress & Coping: An International Journal, 26*(6), 610-623.

Sasannejad, P., Saeedi, M., Shoeibi, A., Gorji, A., Abbasi, M., & Foroughipour, M. (2012). Lavender essential oil in the treatment of migraine headache: A placebo-controlled clinical trial. *European Neurology, 67*(5), 288-291.

Scarapicchia, T. F., Amireault, S., Faulkner, G., & Sabiston, C. M. (2017). Social support and physical activity participation among healthy adults: A systematic review of prospective studies. *International Review of Sport and Exercise*

Psychology, 10(1), 50–83.

Schmidt, K., Beck, R., Rivkin, W., & Diestel, S. (2016). Self-control demands at work and psychological strain: The moderating role of physical fitness. *International Journal of Stress Management, 23*(3), 255–275.

Schopenhauer, A. (1958). *The world as will and representation* (Vol. 2). (E. F. J. Payne, Trans.). New York, NY: Dover Publications. (Original work published 1859).

Schott, G. D. (2011). Doodling and the default network of the brain. *The Lancet, 378*(9797), 1133–1134.

Seligman, M. P. (2011). *Flourish: A visionary new understanding of happiness and wellbeing.* New York, NY: Free Press.

Sellaro, R., Hommel, B., Rossi Paccani, C., & Colzato, L. S. (2015). With peppermints you're not my prince: Aroma modulates self-other integration. *Attention, Perception, & Psychophysics, 77*(8), 2817–2825.

Seneca, L. A. (2016). *Seneca's letters from a stoic.* (R. M. Gummere, Trans.). Mineloa, NY: Dover Thrift Publications. (Original work published 65 A.D.)

Sened, H., Lavidor, M., Lazarus, G., Bar-Kalifa, E., Rafaeli, E., & Ickes, W. (2017). Empathic accuracy and relationship satisfaction: A meta-analytic review. *Journal of Family Psychology, 31*(6), 742–752.

Sharma, A., Madaan, V., & Petty, F. D. (2006). Exercise for mental health. *Primary Care Companion to the Journal of Clinical Psychiatry, 8*(2), 106. Retrieved from: http://europepmc.org/articles/PMC1470658

Silvia, P. J., Beaty, R. E., Nusbaum, E. C., Eddington, K. M., Levin-Aspenson, H., & Kwapil, T. R. (2014). Everyday creativity in daily life: An experience-sampling study of "little c" creativity. *Psychology of Aesthetics, Creativity, and the Arts, 8*(2), 183–188.

Singh, T., & Kashyap, N. (2015). Does doodling effect performance: Comparison across retrieval strategies. *Psychological Studies, 60*(1), 7–11.

Sis, P. (2011). *The conference of the birds.* New York, NY: Penguin Press.

Smith, J. L., & Bryant, F. B. (2016). The benefits of savoring life: Savoring as a moderator of the relationship between health and life satisfaction in older adults. *The International Journal of Aging & Human Development, 84*(1), 3–23.

Smith, L. (2016). *No fears, no excuses: What you need to do to have a great career.* New York, NY: Houghton, Mifflin, Harcourt.

Steele, W., & Kuban, C. (2012). Using drawing in short-term trauma resolution. In C. A. Malchiodi (Ed.), *Handbook of art therapy* (2nd ed., pp. 162–174). New York, NY: Guilford Press.

Stellar, J. E., John-Henderson, N., Anderson, C. L., Gordon, A. M., McNeil, G. D., & Keltner, D. (2015). Positive affect and markers of inflammation: Discrete positive emotions predict lower levels of inflammatory cytokines. *Emotion, 15*(2), 129–133.

Stone, H., & Stone, S. (1993). *Embracing your inner critic: Turning self-criticism into a creative asset.* New York, NY: HarperOne.

Strahler, J., Doerr, J. M., Ditzen, B., Linnemann, A., Skoluda, N., & Nater, U. M. (2016). Physical activity buffers fatigue only under low chronic stress. *Stress: The International Journal on the Biology of Stress, 19*(5), 535–541.

Sunim, H. (2017). *The things you can see only when you slow down: How to be calm and mindful in a fast-paced world.* New York, NY: Penguin Books.

Tang, S. K., & Tse, M. M. (2014). Aromatherapy: Does it help to relieve pain, depression, anxiety, and stress in community-dwelling older persons? *Biomed Research International,* 2014, Article ID: 430195.

Tedeschi, R. G., & Calhoun, L. G. (1996). The Posttraumatic Growth Inventory: Measuring the positive legacy of trauma. *Journal of Traumatic Stress, 9*(3), 455–472.

Thayer, R. E. (2001). *Calm energy: How people regulate mood with food and exercise.* London, UK: Oxford University Press.

Thoreau, H. D. (2009). The journal of Henry David Thoreau, 1837–1861. D. Searls (Ed.). New York, NY: New York Review Books Classics. (Originally published in 1951).

Turgoose, D., & Maddox, L. (2017). Predictors of compassion fatigue in mental health professionals: A narrative review. *Traumatology, 23*(2), 172–185.

van der Vennet, R., & Serice, S. (2012). Can coloring mandalas reduce anxiety? A replication study. *Art Therapy: Journal of the American Art Therapy Association, 29*(2), 87–92.

Vartanian, O., & Skov, M. (2014). Neural correlates of viewing paintings: Evidence from a quantitative meta-analysis of functional magnetic resonance imaging data. *Brain and Cognition, 87*(1), 52–56.

Vessel, E. A., Starr, G. G., & Rubin, N. (2002). The brain on art: Intense aesthetic experience activates the default mode network. *Frontiers in Human*

Neuroscience, 6(66), 1–17.

Walker, M. (2017). *Why we sleep: Unlocking the power of sleep and dreams.* New York, NY: Scribner.

Whyte, D. (2016). *Consolations: The solace, nourishment and underlying meaning of everyday words.* Langley, WA: Many Rivers Press.

Wicks, R. J. (2007). *The resilient clinician.* London, UK: Oxford University Press.

Wilkinson, R. A., & Chilton, G. (2017). *Positive Art Therapy Theory and Practice: Integrating Positive Psychology with Art Therapy.* New York, NY: Routledge.

Wolpert, D. M., Diedrichsen, J., & Flanagan, J. R. (2011). Principles of sensorimotor learning. *Nature Reviews Neuroscience, 12,* 739–751.

Youssef-Morgan, C. M., & Luthans, F. (2015). Psychological capital and well-being. *Stress and Health: Journal of the International Society for the Investigation of Stress, 31*(3), 180–188.

Želeskov-Dorić, J., Hedrih, V., & Dorić, P. (2012). Relations of resilience and personal meaning with vicarious traumatization in psychotherapists. *International Journal of Psychotherapy, 16*(3), 44–55. Retrieved from: www.academia.edu/12135827.

Zhang, J., & Yen, S. T. (2015). Physical activity, gender difference, and depressive symptoms. *Health Services Research, 50*(5), 1550–1573.

찾아보기

〈인명〉

〈내용〉

저자 소개

리사 하인즈(Lisa D. Hinz)

임상심리학자이며 미국 공인 미술치료사(ATR-BC)이다. 루이지애나 주립 대학교(Louisiana State University)에서 박사 학위(Ph.D.)를 마친 후 루이빌 대학교(University of Louisville)에서 ETC(Expressive Therapies Continuum; 표현치료연속체)의 창시자인 케이긴(Kagin), 루즈브링크(Lusebrink)와 함께 일하는 특권을 누리며 미술치료의 박사 후 학위를 취득했다. 세인트 메리 오브 더 우즈 대학교(Saint Mary-of-the-Woods College)에서 17년간 강의를 해 온 하인즈 박사는 현재 노트르담 드 나뮈르 대학교(Notre Dame de Namur University) 미술치료 프로그램의 겸임교수이다. 『내면으로부터 그리기: 미술을 사용한 섭식장애 치료(Drawing from Within: Using Art to Treat Eating Disorders)』와 『표현치료연속체: 치료에서의 미술 사용을 위한 프레임워크(Expressive Therapies Continuum: A Framework for Using Art in Therapy)』를 포함한 많은 미술치료 분야 전문 서적의 저자인 그녀는 어드벤티스트 헬스 나파밸리(Adventist Health Napa Valley)의 라이프스타일 의학(Residential Lifestyle Medicine) 프로그램의 컨설턴트로, 개인 미술치료센터를 운영하고 있다. 미국 외에도 유럽과 아시아 각지에서 ETC에 대한 교육과 강연을 활발히 해 오고 있다.

역자 소개

임성윤(Rim, Sung-Ryun) / sungrim@ptu.ac.kr

평택대학교 교수, 작가이다. 상담대학원 미술치료학과와 교양학부에서 미술치료 및 인문학적 사고와 디자인 싱킹 교양 전공 교과목을 담당하고 있다. 미국 샌프란시스코 예술대학교(San Francisco Art Institute)에서 순수미술(BFA) 학사 후 플로리다 주립대학교(Florida State University)에서 예술경영 석사, 예술가의 심리와 문화에 대한 논문으로 박사 학위(Ph.D.)를 받은 뒤, 인디애나 대학교(Indiana University-Bloomington)의 방문연구원을 지냈다. ETC(Expressive Therapies Continuum) 이론에 기반한 미술치료, 예술심리, 자기돌봄 및 창의적 노화(Creative Aging)가 현재 주된 강의 및 연구 주제이다.

예술심리상담사를 위한 **ETC** 자기돌봄

Beyond Self-Care for Helping Professionals:
The Expressive Therapies Continuum and the Life Enrichment Model

2021년 5월 30일 1판 1쇄 발행
2023년 3월 20일 1판 2쇄 발행

지은이 • Lisa D. Hinz
옮긴이 • 임 성 윤
펴낸이 • 김 진 환
펴낸곳 • **(주) 학지사**

04031 서울특별시 마포구 양화로 15길 20 마인드월드빌딩 5층
대표전화 • 02) 330-5114　　　팩스 • 02) 324-2345
등록번호 • 제313-2006-000265호
홈페이지 • http://www.hakjisa.co.kr
페이스북 • https://www.facebook.com/hakjisabook

ISBN 978-89-997-2150-2 93180

정가 **15,000**원

출판미디어기업 **학지사**

간호보건의학출판 **학지사메디컬** www.hakjisamd.co.kr
심리검사연구소 **인싸이트** www.inpsyt.co.kr
학술논문서비스 **뉴논문** www.newnonmun.com
원격교육연수원 **카운피아** www.counpia.com